MOSAÏQUE

MÉTHODE DE FRANÇAIS

Béatriz Job

avec la collaboration de
Jean-Pierre et Frédéric Hatchondo

CLE
international

Bande dessinée : Emmanuel Moynot

Coloriste : Johanna Schipper

Photo-scénette : Gill Lefauconnier

Recherche iconographique : Atelier d'Images

Conception graphique : Bleu T

Fabrication : Pierre David

Edition : Gilles Breton

Réalisation audio : Béryl Productions

Paroles et musique des chansons :
Jean-Pierre et Frédéric Hatchondo

Arrangements : Thierry Geoffroy

CLE International

27, rue de la Glacière – 75013 Paris.

Vente aux enseignants :

16, rue Monsieur-le-Prince – 75 006 Paris.

Introduction

■ MOSAÏQUE est une nouvelle méthode de CLE International qui s'adresse fondamentalement aux vrais débutants.

■ MOSAÏQUE est simple et progressive.

Pour chaque leçon les objectifs sont clairement exprimés. Tout au long de la méthode les contenus restent accessibles. Ils constituent les éléments fondamentaux de l'apprentissage et se trouvent en complète immersion dans la civilisation française.

■ MOSAÏQUE propose à l'apprenant un parcours d'apprentissage guidé.

La démarche est explicite et balisée pour l'apprenant et le professeur. Que ce soit en grammaire, conjugaison, phonétique et orthographe, l'apprenant construit peu à peu ses connaissances.

Tout cet ensemble est soutenu par de très nombreuses activités qui font découvrir les formes et les règles avant que celles-ci ne soient énoncées.

L'expression orale se fait d'abord par reconnaissance et imitation pour mieux se libérer par la suite.

L'expression écrite est introduite de manière très progressive : du son à la graphie, du mot à la phrase et enfin au texte.

■ MOSAÏQUE rebrasse en permanence les connaissances.

La progression est spiralaire et la connaissance du français s'enrichit par touches successives. Les objectifs restent les mêmes mais sont chaque fois renouvelés et enrichis par la grande diversité du vocabulaire et de la civilisation.

A la fin de MOSAÏQUE 1, les fondations en grammaire, vocabulaire, phonétique et orthographe seront solides et définitives.

■ MOSAÏQUE a une maquette claire, aérée, tout en couleurs.

Elle met en scène des bandes dessinées, des «photo-scénettes», de nombreuses photos de civilisation, des documents écrits.

L'ensemble de ces documents constitue une source inépuisable d'activités orales, écrites et de créativité.

■ MOSAÏQUE permet de se préparer aux épreuves du DELF (*Diplôme d'Études en Langue Française*).

Au niveau 1, la préparation portera plus particulièrement sur les épreuves A1, A2 (*écrit + oral*) et une partie des épreuves A3 et A4.

L'équipe d'auteurs est animée par Béatriz Job qui nous fait profiter dans MOSAÏQUE de sa double et exceptionnelle expérience de professeur de F.L.E. et d'éditeur.

Nous la remercions pour sa précieuse collaboration et pour sa contribution à l'enseignement de notre langue à travers le monde.

L'Editeur

Organisation

LE LIVRE

■ 6 sections de 5 leçons chacune = 30 leçons

Dans chaque section une leçon est consacrée à la révision et une autre
à l'évaluation-bilan.

■ Une leçon = 3 séquences

Chaque leçon contient des activités structurées autour de différents supports.
L'ensemble offre un «menu» correspondant à un premier niveau de la langue
et de la civilisation françaises.

A noter deux rubriques : «Apprenez» qui fait le point sur les formes et les règles
grammaticales, et «A vous» qui invite à l'expression orale et écrite.

Enfin la rubrique «En bref», généralement liée à des documents iconographiques,
apporte le plus souvent sous forme anecdotique des informations de civilisation.

A la fin du livre de l'élève se trouvent des annexes : récapitulatif de la grammaire,
des conjugaisons, ainsi qu'un vocabulaire thématique.

LE CAHIER D'EXERCICES

Il suit le même découpage que le livre mais, ici, les activités sont regroupées
en différentes rubriques de manière plus classique : grammaire, conjugaison,
prononciation et orthographe, vocabulaire et civilisation, oral, écrit.

L'enseignant peut alors renforcer telle ou telle acquisition qu'il estime défaillante
chez certains de ses élèves.

Ce service «à la carte» permet ainsi l'exercice d'une pédagogie différenciée.

La 5ème leçon de chaque section propose en outre des tests d'évaluation pour mesurer
la performance de chaque élève.

A la fin du cahier d'exercices se trouve un vocabulaire alphabétique traduit en
cinq langues.

MOSAÏQUE
MÉTHODE DE FRANÇAIS

LES CASSETTES AUDIO

■ Les cassettes collectives : elles sont au nombre de quatre. Trois d'entre elles correspondent au livre et la 4ème au cahier d'exercices. Elles sont complètement interactives avec le livre et les exercices. Elles mettent en particulier l'accent sur la phonétique qui est représentée le plus souvent par des chansons.

■ Une cassette individuelle : elle permet à l'apprenant de se perfectionner au-delà des heures de cours.

LA VIDEO

Elle apporte sous la forme de courtes séquences un complément indispensable pour l'étude de la civilisation française.

LE GUIDE PEDAGOGIQUE

MOSAÏQUE est une méthode formatrice. En particulier, dans le guide pédagogique, les principes méthodologiques développés sur l'apprentissage de la grammaire, de la phonétique ou de l'écrit apportent un éclairage nouveau et fort enrichissant.
Ces principes sont suivis du guide de classe qui explique le déroulement des activités, propose les corrigés et donne les transcriptions de tous les enregistrements.

1

Introduction

- Les mots français
- Présentation d'objets et de personnes
- Salutations

---

1 Ecoutez, regardez et repérez 📼

6

SIX

une fenêtre — un tableau — une porte — un journal — une plante — un téléphone — un stylo — une table — une chaise

Ecoutez Regardez

■ *Lisez et distinguez*

Distinguez « un » et « une ».

3   Ecoutez et répétez 🖭

1, 2, 3, 4, 5, 6, 7, 8, 9, 10.

APPRENEZ	
MASCULIN	FÉMININ
un	une

Exemples : *un livre, une porte.*

4   Regardez, lisez et comptez

Regardez la photo de l'activité 2 :
- Vous comptez combien de « un » ? 1, 2, 3…
- Vous comptez combien de « une » ? 1, 2, 3…

5 Ecoutez, lisez et répétez

A. Ecoutez et lisez.

Ouvrez votre livre !
Ecoutez votre cassette !
Regardez ! – Répétez !
Lisez ! – Parlez !
Continuez ! – Ecrivez !

B. Ecoutez et répétez.

■ *Trouvez*
• Quelles sont les terminaisons des verbes ?

■ *Vérifiez vos conclusions*

APPRENEZ		
verbes :	INFINITIF	IMPÉRATIF
	Ecouter	Ecout**ez** !
	Regarder	Regard**ez** !
	Répéter	Répét**ez** !
	Parler	Parl**ez** !
	Repérer	Repér**ez**
	Ouvrir	Ouvr**ez** !
	Lire	Lis**ez** !
	Ecrire	Ecriv**ez** !

A vous

A. Montrez des objets.
Exemple : *Voilà un téléphone...*

B. Donnez des instructions.
Exemple : *Ecoutez votre cassette…*

C. Une personne montre deux objets, une autre les présente.
Exemple : *Voilà un livre, voilà une cassette…*

6   Regardez, lisez et repérez

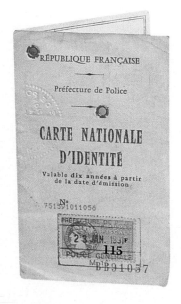

7   Ecoutez et répétez 📼

Des prénoms et des noms.

8   Regardez, écoutez et repérez 📼

Ecoutez, regardez et repérez

Ecoutez l'enregistrement et trouvez la pièce d'identité de Louis, Suzanne, Geneviève, Chantal, Christophe, Edouard, Marguerite et Emile.

Bonjour! Je m'appelle… Je suis français… Je suis française.

---

10 Ecoutez et répétez

Des nationalités.

A. Inventez et écrivez l'identité d'un personnage. Inventez le nom, le prénom et la nationalité.

B. Présentez votre personnage.
Exemple : *Nom… Prénom… Nationalité…*

C. Présentez-vous aux autres.
Exemple : *Je m'appelle… Je suis…*

D. Saluez.
Exemple : *Bonjour… Au revoir…*

Contenus de la leçon

- Sensibilisation à la construction de la phrase française
- Notions de genre, de nombre et de personne
- Présentation de sept sons du français
- Les magasins d'alimentation
- Apprendre à se décrire et à décrire les autres

---

1 Ecoutez et répondez 📼

- Qui est français ? Qui est française ?

---

2 Ecoutez, regardez et repérez 📼

Voilà deux couples : Monsieur et Madame Mignard, Monsieur et Madame Roux.

Louis Mignard
est français.
Il est grand.

Marguerite Roux
est française.
Elle est grande.

Chantal Mignard
est française.
Elle est petite.

Emile Roux
est français.
Il est petit.

Combinez

A l'aide des illustrations, formez 6 paires : Mignard, Roux, français, françaises, grands, petits.
Exemple : *grands (Louis et Marguerite)*.

Ils sont français.

Elles sont françaises.

Ils sont grands.

Ils sont petits.

■ *Classez*

Regardez les activités 2 et 3 et distinguez les formes : féminin, masculin, singulier, pluriel.

Exemple : *féminin (française, petite, grande, françaises).*

■ *Réfléchissez*

Regardez les illustrations et les textes.

Exemples : *Louis = il ; Chantal = elle ;*
Louis et Chantal = ils…

Continuez : *Emile…*

APPRENEZ		
	MASCULIN	FÉMININ
singulier	français	française
	grand	grande
	petit	petite
pluriel	français	françaises
	grands	grandes
	petits	petites

Ecoutez et répondez

Louis, Chantal, Marguerite et Emile parlent.
• Qui dit : « je », « nous » ? Qui dit : « tu », « vous » ? A qui ?

5

Regardez, écoutez et repérez

Trouvez l'illustration correspondante.

APPRENEZ	
verbe **ETRE** au présent	
je	suis
tu	es
il – elle	est
nous	sommes
vous	êtes
ils – elles	sont

POUR VOUS AIDER :   blonde   brun

1   2   3   4

A vous

A. Formez des groupes de : blonds, bruns ou grands, petits ou allemands, allemandes…
B. Parlez d'un groupe à l'autre.

Exemples : *Je suis allemande, tu es allemand. Vous êtes blonds, nous sommes bruns…*

6

Ecoutez, regardez et repérez 〔BD〕

A. Cherchez les phrases avec « nous sommes ».
• Vous trouvez combien de questions,
d'affirmations, de négations ?

B. Observez les différences.

■ *Vérifiez vos conclusions*

C'EST SÛR !

■ *Complétez*

Ecrivez le verbe « être » à toutes les personnes, à la forme négative.

POUR VOUS AIDER :

tu **n**'es pas – il **n**'est pas – vous **n**'êtes pas

• Quels magasins correspondent à quels produits?

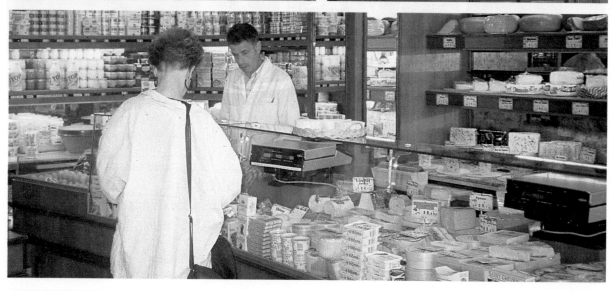

du lait

du café

du beurre

du pain

du thé

du fromage

---

8   Ecoutez les sons 𝄞 📼

■ *Ecoutez et repérez*

• Combien de fois entendez-vous les noms et les mots suivants ?
1. Les noms : Paméla – Momo ?
2. Les mots : mémé – pépé – moto – eau – bateau ?

■ *Trouvez*

• Combien de sons différents (consonnes et voyelles) entendez-vous dans ces mots ?
Choisissez un mot pour chaque son.

Exemples : *m (moto)* ; *b (bateau)*…

■ *Ecoutez et répétez*

Répétez le refrain.
Ecoutez de nouveau et répétez uniquement le refrain.

■ *Ecoutez et écrivez : dictée*

A vous

Formez des groupes et parlez d'un groupe à l'autre.

Exemples : *Est-ce que tu es français ? Non, je ne suis pas français.*
Vous n'êtes pas blonds, vous êtes bruns…

LEÇON 3

Contenus de la leçon

- Suite de l'étude de la phrase
- Présentation des objets et des quantités
- Sensibilisation aux voyelles nasales
- L'argent et les achats
- Apprendre à demander et à calculer des prix

---

1 Ecoutez, regardez et répondez

■ *Ecoutez et distinguez*

1

■ *Ecoutez et répondez*
- C'est un restaurant, c'est une cuisine ou c'est une salle à manger ?...
- C'est un dîner, c'est un déjeuner ou c'est un petit déjeuner ?

• Qu'est-ce que c'est ?

C'est un croissant, … une orange, … du pain, … du beurre, … du sucre, … de la confiture,

… du lait, … du café, … du thé, … de l'eau, … une tasse, … un verre, … une cuillère, … un couteau.

3 Ecoutez, répétez et repérez

• Qu'est-ce qu'il y a sur la table ? Sur la table, il y a …

■ *Comptez*

• Sur la photo n° 2, vous comptez combien de croissants, d'oranges, de tasses, de cuillères, de couteaux ?

• Et sur les photos n° 3 et 4 ?

■ *Répondez*

• Est-ce que vous pouvez compter le pain, le beurre, le sucre, le café, le thé, la confiture, l'eau ?

■ *Quelles sont vos conclusions ?*

■ *Vérifiez vos conclusions*

Exemples :

un croissant,	du café,
une cuillère,	du pain,
quatre oranges,	de la confiture,
des cuillères,	de l'eau.

APPRENEZ		
	VOUS COMPTEZ …	VOUS NE COMPTEZ PAS
singulier	un une	du de la de l'
pluriel	deux, trois, quatre, … des	

---

4   Ecoutez, regardez et repérez ◥BD ▭

Trouvez les formes des verbes :

« écouter », « parler », « regarder », « chercher », « adorer » et « fermer ».

■ *Distinguez*

• Faites deux listes : une liste avec les formes
du présent, une liste avec les formes de l'impératif.

■ *Classez*

Dans chaque liste, classez dans l'ordre
des personnes.

■ *Vérifiez vos conclusions*

APPRENEZ		
verbes terminés en « –ER »		
	PRÉSENT	IMPÉRATIF
je	trouve	
tu	trouves	Trouve !
il – elle	trouve	
nous	trouvons	Trouvons !
vous	trouvez	Trouvez !
ils – elles	trouvent	

5 Entraînez-vous

L'un après l'autre, conjuguez les verbes en « -er » que vous connaissez,
au présent et à l'impératif ; à la forme affirmative et à la forme négative.

POUR VOUS AIDER : j'adore – je n'écoute pas

Ecoutez et répétez

Trouvez les mots suivants :

1. bon – melon – Léon
2. manteau – enfant – blanc

- Quel son se répète dans tous les mots en 1 ?
- Quel son se répète dans tous les mots en 2 ?
- Ces sons ont une particularité. Laquelle ?

Ecoutez et répétez

Répétez le refrain.
Ecoutez de nouveau et répétez uniquement le refrain.

Ecoutez et écrivez : dictée

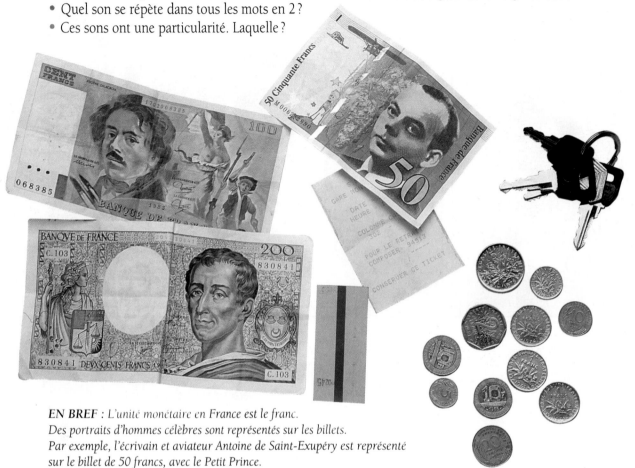

EN BREF : *L'unité monétaire en France est le franc.*
Des portraits d'hommes célèbres sont représentés sur les billets.
Par exemple, l'écrivain et aviateur Antoine de Saint-Exupéry est représenté
sur le billet de 50 francs, avec le Petit Prince.

7 Ecoutez et repérez

Notez les prix des produits d'après les dialogues.

Calculez les prix.

A. Un client achète une baguette, trois croissants, un kilo de pommes et deux litres de lait.

B. Un client achète un pain de campagne, une livre de pêches et un pot de crème.

C. Un client achète trois kilos de poires et une livre de beurre.

Continuez …

L'un invente des produits avec des prix, l'autre calcule.

Labels on cheeses: ROQUEFORT, TOMME DE SAVOIE, CHEVRE, ST MARCELLIN, GRUYERE, CAMEMBERT

***EN BREF :** Une livre, c'est un demi-kilo. En France, il y a 340 variétés de fromage.*

APPRENEZ	
On dit...	**du** lait, **de la** crème, **des** pommes, **des** oranges
mais...	un litre **de** lait, un pot **de** crème, un kilo **de** pommes, deux kilos **d'**oranges

---

8 Lisez et observez

A la crémerie, on vend du fromage.
En français, on dit « du café »,
mais « un paquet de café. »
En France, on parle français.

■ *Réfléchissez*
• C'est qui, « on » ?

 A vous

A. Imaginez votre petit déjeuner idéal. Chacun fait sa liste.

B. Chacun présente son petit déjeuner. Posez des questions et répondez.

Exemple : *Qu'est-ce qu'il y a pour le petit déjeuner ?*
Pour le petit déjeuner, il y a…

LEÇON 4

Contenus de la leçon

- Introduction de l'expression du lieu
- Logement : pièces, meubles et objets
- Cinq nouveaux sons
- Apprendre à décrire une maison et à la faire visiter

Ecoutez et repérez 📼

Dans le carton, il y a… Sur le tapis, il y a …
Faites une liste avec les noms au masculin ou au féminin singulier.
Faites une liste avec les noms au masculin ou au féminin pluriel.

Répondez

- Où est le couteau ?
- Où est le disque ?
- Où est l'avion ?
- Où est la fourchette ?
- Où est la fleur ?
- Où est l'enveloppe ?

Le/La … est dans…
Le/La … est sur…

- Où sont les enveloppes ?
- Où sont les stylos ?
- Où sont les livres ?
- Où sont les verres ?
- Où sont les tasses ?
- Où sont les cassettes ?

Les … sont dans…
Les … sont sur…

APPRENEZ				
SINGULIER	masculin	un	le	l'
	féminin	une	la	
PLURIEL	masculin		des	les
	féminin			

Entraînez-vous

A. Une personne dit :
J'ai un/une… dans le carton.
Je pose le/la… sur le tapis.

B. La personne suivante repère l'objet
de A et dit :
Tu as un / une… dans le carton
et tu poses le/la… sur le tapis.

C. Les deux personnes suivantes disent :
Nous avons des…
Nous posons les… sur le tapis.

D. La personne suivante repère les objets
de C et dit :
Vous avez des …
Vous posez les… sur le tapis.

E. La personne suivante repère l'objets
de A et dit :
Il/elle a un/une… et il/elle pose le/la… sur le tapis

F. La dernière personne repère les objets
de C et dit :
Ils/elles ont des… et ils/elles posent les… sur le tapis.

Recommencez…

APPRENEZ			
verbe AVOIR au présent			
j'	ai	je	n'ai pas
tu	as	tu	n'as pas
il – elle	a	il – elle	n'a pas
nous	avons	nous	n'avons pas
vous	avez	vous	n'avez pas
ils – elles	ont	ils – elles	n'ont pas

Entraînez-vous

Ecrivez la conjugaison du verbe « être »,
aux formes affirmative, interrogative, et négative.

Récitez la conjugaison du verbe « avoir »,
aux formes affirmative, interrogative et négative.

Imaginez un déménagement en vous inspirant de la photo de l'activité 1.
Formez des groupes. Chaque groupe imagine tous les objets à mettre en carton pour le déménagement et joue des scènes à trois ou quatre. Vous cherchez des objets et vous vous interrogez les uns les autres.

Exemples :
Qui a le / la … ?
C'est Pierre …
Oui, c'est Pierre…
Non, ce n'est pas Pierre, c'est …

---

4 ⬛ Ecoutez les sons 🎼 📼

⬛ *Ecoutez et repérez*
• Combien de fois entendez-vous les noms et les mots suivants ?
1. Les noms : Dédé – Adeline
2. Les mots : tête – étonnée – tu – têtue

⬛ *Trouvez*
• Quel son est répété dans « tu » et « têtue » ?

⬛ *Ecoutez et répétez*
Répétez le refrain.
Ecoutez de nouveau et répétez uniquement le refrain.

⬛ *Ecoutez et écrivez : dictée*

---

5 ⬛ Ecoutez, regardez et repérez 📖BD 📼

Trouvez les similitudes et les différences entre les deux situations.

⬛ *Ecoutez et répondez*

• D'après vous, c'est l'heure du déjeuner ou du dîner ?
• Dans quelles pièces se trouvent les personnages : dans le séjour, dans la salle de bains, dans la salle à manger ou dans la chambre ?
• Xavier est avec sa sœur.
Comment s'appelle-t-elle ?
• Barbara est avec son frère.
Comment s'appelle-t-il ?
• Qui a faim et qui a sommeil ?

APPRENEZ	
La question	La réponse
Pourquoi ?	Parce que...

Exemple : *Pourquoi tu n'as pas faim ?*
Parce que je suis fatiguée.

À TABLE !

REGARDE, MATHILDE !
TU AS FAIM ?

AH OUI !
J'AI TRÈS FAIM !

POURQUOI ?

PARCE QUE
JE SUIS FATIGUÉE.
J'AI SOMMEIL.

QU'EST-CE QUE TU AS ?
TU N'AS PAS FAIM ?

AH NON , MATHIEU !

Ecoutez et repérez 📼

Identifiez les différentes pièces d'un appartement.
A l'aide des photos, montrez dans quel ordre se fait chaque visite.

A

B

C

D

E

F

■ *Ecoutez et répondez*

Ecoutez de nouveau et répondez aux questions.
• On ne visite pas entièrement
l'appartement n°3. Pourquoi?
• Il y a combien de chambres
dans l'appartement n°1 ? Et dans le n°2 ?

• Il y a combien de pièces dans
l'appartement n°1 ?
Et dans le n°2 ? Et dans le n°4 ?
• Il n'y a pas de chambre
dans l'appartement n°4. Pourquoi ?

Vue de Marseille, deuxième ville de France.

EN BREF : *Dans un immeuble, il y a plusieurs appartements. Un studio est un appartement d'une pièce.*
Une maison est un logement indépendant.

---

7   Ecoutez, lisez et répétez

Les meubles et les accessoires de la maison :
un lit – une table – une chaise – une cuisinière
un fauteuil – un divan – un lavabo – une armoire
une bibliothèque – une table de nuit
une baignoire – un réfrigérateur.

Les objets de la maison :
une lampe – des bibelots – une télévision –
une radio – une suspension – des livres –
un tapis – des tableaux.

■ *Trouvez*

Montrez les meubles et les objets que vous voyez sur les photos de la page 28.

A vous

A. Décrivez les pièces, avec les meubles
et les objets à l'aide des photos de la page 28.
POUR VOUS AIDER :
voilà… – dans…, il y a… – ici, c'est…

B. Chacun invente et dessine le plan
d'un appartement, avec les pièces, les meubles
et les objets.
C. Chacun présente ensuite son appartement.

LEÇON 5

Evaluation

- Les principales formes de la phrase française :
  affirmative, négative et interrogative
- Présentation des personnes et des objets
- Les mois et les saisons
- Fêtes et célébrations en automne
- Apprendre à se présenter, à présenter les autres et à les saluer
- Décrire des lieux et des scènes

---

1 Lisez et distinguez

Séparez les formes affirmatives, négatives
ou interrogatives.

> Je regarde la page 30 du livre.
> Nous fermons la porte de la cuisine.
> Il n'a pas son journal.
> Est-ce que vous regardez attentivement ?
> Chantal Mignard est française.
> Elle n'est pas grande.
> Est-ce que nous sommes à Châtillon-sur-Loire ?
> Yvette montre la boîte de chocolats.
> Est-ce que vous êtes contents ?
> Ils n'ont pas très faim.

■ *Répondez*

Il y a combien d'affirmations ?
Combien de négations ?
Combien d'interrogations ?
On reconnaît l'interrogation à deux éléments ;
lesquels ?
On reconnaît la négation à deux éléments ;
lesquels ?

■ *Modifiez*

A. Mettez les trois négations à la forme interrogative.
B. Mettez les quatre affirmations à la forme négative.

---

2 Ecoutez et distinguez

- Il y a combien d'affirmations ?
Combien d'interrogations ?

- Qu'est-ce qui distingue l'affirmation
de l'interrogation ?

---

3 Ecoutez les sons 𝄞

■ *Ecoutez et repérez*

Dites « on » quand vous entendez ce son.
Dites « ou » quand vous entendez ce son.

■ *Ecoutez et répétez*

Répétez le refrain.
Ecoutez de nouveau et répétez uniquement
le refrain.

■ *Ecoutez et écrivez : dictée*

Regardez, écoutez et repérez

Regardez les photos en écoutant l'enregistrement et trouvez les erreurs.

A vous

Formez des groupes de deux et jouez les quatre scènes de l'activité 4 en corrigeant les erreurs.

Trouvez les expressions :
pour se saluer,
pour commander,
pour se présenter,
pour se séparer.

■ *Répondez*
• Où sont les personnages ?
• Comment s'appellent-ils ?
• Est-ce qu'on connaît le nom de Suzanne,
de Geneviève et de Xavier ?

■ *Complétez*

Au début Geneviève est …
Chantal est …
Barbara et Xavier sont aussi …
Chantal, Geneviève et Suzanne sont …
Barbara et Xavier sont …
Xavier, c'est un … Barbara, c'est une jeune …

Le garçon apporte … et il oublie le …
Barbara présente …
Chantal se demande si Xavier …
Geneviève n'est pas d'accord avec …

■ *Ecrivez*

Décrivez la scène.

OH MON DIEU ! REGARDEZ !

QUI EST-CE ?

C'EST BARBARA, MA FILLE, AVEC UN JEUNE HOMME.

C'EST NORMAL, NON ?

ILS APPROCHENT.

TRÈS BIEN. C'EST GENTIL.

BONJOUR MAMAN, JE TE PRÉSENTE XAVIER GODARD. C'EST UN AMI.

BONJOUR MADAME.

ENCHANTÉE, MONSIEUR GODARD.

ET VOILÀ SUZANNE ET GENEVIÈVE, LES INSÉPARABLES.

BONJOUR. TRÈS HEUREUX DE FAIRE VOTRE CONNAISSANCE.

LE GARÇON ARRIVE AVEC LES CAFÉS.

MERCI !

DU SUCRE, S'IL VOUS PLAÎT.

AH OUI ! PARDON ! TOUT DE SUITE.

EH BIEN, NOUS, ON VOUS DIT AU REVOIR.

C'EST ÇA. AU REVOIR.

À BIENTÔT.

ALORS, CHANTAL, TU NE DIS PAS AU REVOIR ?

TU CROIS QU'IL EST DE BONNE FAMILLE ?

QUELLE IMPORTANCE ?

6   Ecoutez et répétez 📼

Les mois de l'année :
janvier – février – mars – avril –
mai – juin – juillet – août –
septembre – octobre – novembre – décembre

Les saisons :
printemps – été – automne – hiver

■ *Répondez*
• Quels sont les mois de chaque saison ?
Printemps : …
Eté : …
Automne : …
Hiver : …

7   Entraînez-vous

Par groupes de deux, très rapidement :
l'un propose un mois, l'autre trouve la saison correspondante ;
l'un propose une saison, l'autre trouve le mois correspondant.

1. Le cimetière du Père Lachaise. 2. La cueillette des champignons. 3. Un chrysanthème. 4. La forêt de Raismes à Saint-Amand. 5. Le cérémonie du 11 novembre à Vayrac. 6. Au jardin du Luxembourg. 7. Les vendanges au château de la Chaize.

EN BREF : *Selon la tradition, les vendanges débutent en septembre, cent jours après l'apparition de la fleur.*
Le 1ᵉʳ novembre : c'est la Toussaint. Ce jour-là, on fleurit les tombes avec des chrysanthèmes.
Le 11 novembre, c'est l'anniversaire de la fin de la première guerre mondiale (appelée la Grande Guerre ou la guerre de 14-18).

Révision

- Notions de genre, de nombre et de personne
- Articles indéfinis, définis et partitifs
- Verbes « être », « avoir » et verbes en « -er »
  aux formes affirmative, négative et interrogative

---

1   Entraînez-vous

Conjuguez très rapidement, à tour de rôle.

A. Conjuguez les verbes « être », « avoir » et
« donner » au présent, dans l'ordre des personnes :
je – tu – il – elle – on – nous – vous – ils – elles

B. Alternez les formes affirmative,
interrogative et négative.

Exemples :
Je suis … → Est-ce que j'ai … ? → Je ne donne pas …
Tu es … → Est-ce que tu as … ? → Tu ne donnes pas …
Il est …

C. Continuez avec la personne et le verbe donnés
au hasard.

Exemples :
Il donne … → Il ne donne pas…
Vous avez… → Vous n'avez pas …

APPRENEZ
Vous = deux, trois, … personnes   = une personne (**Vous** de politesse)
On peut correspondre à : **nous**, **il** ou **elle**, **ils** ou **elles**
On se conjugue comme **il** ou **elle**

Exemples :
Mathilde et Barbara,
vous avez faim ?

Monsieur Mignard,
vous avez faim ?

On parle français.

---

2   Ecoutez et répétez 📼

premier – deuxième – troisième – quatrième – cinquième – sixième – septième – huitième – neuvième – dixième

◼ *Entraînez-vous*

Dites très rapidement, à tour de rôle en suivant l'ordre donné.
A. un – premier ; deux – deuxième ; trois …
B. dix – dixième ; neuf – neuvième ; huit …

3   Ecoutez et répétez 📼

Les dizaines :
dix, vingt, trente, quarante, cinquante, soixante, soixante-dix, quatre-vingt, quatre-vingt-dix, cent.

De 10 à 20 :
dix, onze, douze, treize, quatorze, quinze, seize, dix-sept, dix-huit, dix-neuf, vingt.

De 20 à 30 :
vingt, vingt et un, vingt-deux, vingt-trois, vingt-quatre, vingt-cinq, vingt-six, vingt-sept, vingt-huit, vingt-neuf, trente.

De 30 à 40 :
trente, trente et un, trente-deux, trente-trois, trente-quatre, trente-cinq, trente-six, trente-sept, trente-huit, trente-neuf, quarante.

▉ *Continuez*
quarante, quarante et un, quarante-deux…

POUR VOUS AIDER :
70 = soixante-dix, 71 = soixante et onze,
72 = soixante-douze, 90 = quatre-vingt-dix,
91 = quatre-vingt-onze, 92 = quatre-vingt-douze.

▉ *Lisez*
Lisez à haute voix :
13 – 57 – 89 – 50 – 42 – 61 –
38 – 95 – 100 – 67 – 8 – 86 – 17 – 24

EN BREF : En Belgique on dit « septante » (70), « octante » (80) et « nonante » (90). En Suisse romande on dit « septante », « huitante » et « nonante ».

Un paysage typique en Suisse.

4   Ecoutez les sons 🎼 📼

▉ *Ecoutez et repérez*
• Combien de fois entendez-vous le mot « bouton » ?

• Dans quel ordre entendez-vous les mots : temps – lumière – sanitaires – trouver – nuit ?

▉ *Ecoutez et répétez*
Répétez le refrain.
Ecoutez de nouveau et répétez uniquement le refrain.

▉ *Ecoutez et écrivez : dictée*

COMME D'HABITUDE

A. Ecrivez la liste des courses de Marguerite Roux.

■ *Répondez*

- Où travaille Quentin ?
- Où travaille Marguerite ?
- Marguerite n'est pas à l'épicerie. Pourquoi ?
- Emile ne paie pas. Pourquoi ?

■ *Regardez et répondez*

- Qu'est-ce qu'il y a sur les étagères ?
- Qu'est-ce qu'il y a dans les cartons ?
- Qu'est-ce qu'il y a dans la vitrine ?
- Qu'est-ce qu'il y a sur le comptoir ?

B. Regardez les illustrations suivantes et faites deux listes : on mange… on ne mange pas…

A. En vous aidant de la bande dessinée (BD), posez des questions :

- « Qu'est-ce qu'il y a sur…? », « Qu'est-ce que c'est ? », « Qui est-ce ? », « Comment s'appelle…? », « Pourquoi ? », « Où est …? », « Est-ce que …? ».

B. Chacun écrit une liste pour les courses.

C. Formez des groupes de deux et jouez les rôles de l'épicier et du client.

6 | Lisez et complétez

Complétez avec les verbes « être » ou « avoir » aux formes qui conviennent.

> Marguerite … grande et Emile … petit. A Châtillon-sur-Loire, elle … une boulangerie.
>
> Xavier et Mathilde … dans la maison. Xavier … un plat dans les mains. Mathilde … très faim.
>
> Il y… cinq pièces dans la maison. Le séjour, la salle à manger et la cuisine … au rez-de-chaussée. Les chambres … à l'étage.
>
> Les propriétaires … sûrement de l'argent parce que les meubles … des meubles de style. Ils … aussi des tableaux de peintres célèbres.

■ *Réfléchissez*

• Vous utilisez « être » ou « avoir » ?
Pour le lieu : …
Pour la possession : …
Pour la description : …

A vous

Imaginez l'intérieur et décrivez les logements.

EN BREF : *Les HLM (habitations à loyer modéré) sont des logements sociaux.*
Les maisons traditionnelles de banlieue s'appellent « pavillons ».
Dans les immeubles des villes, il y a souvent un code à la porte ou un interphone dans l'entrée qui remplacent de plus en plus les concierges.

4

5

6

7

1. Un digicode. 2. La concierge est là. 3. Un interphone.
4. La place des Victoires à Paris. 5. Des HLM à Marseille. 6. Un pavillon dans la banlieue de la région parisienne.
7. Des pavillons dans la banlieue de Toulouse.

LEÇON 7

Contenus de la leçon

- Les déplacements dans l'espace
- Deux sons bien français
- Les jours de la semaine et les métiers
- Apprendre à dire où on est et où on va
- Chercher un emploi

---

1 Ecoutez et répondez 🔲

- Où va chaque personnage ?

Personnages : Emile – Chantal – Xavier – Barbara – Thomas – Yvette

Noms de lieux : chez l'épicier – à la cuisine – à l'école – au café – à Paris

▪ Repérez

Trouvez dans chaque phrase le mot prononcé après « va ».

---

2 Ecoutez et répétez 🔲

Les jours de la semaine : lundi, mardi, mercredi, jeudi, vendredi, samedi, dimanche.

---

3 Ecoutez et repérez 🔲

Trouvez dans chaque phrase le mot prononcé après le verbe.

Exemple : *Marie et Thomas sont dans…*
… est … – … vont … – … est … –
… vont … – …monte … – … va …

▪ Ecrivez

Faites une liste des mots trouvés dans les activités 1 et 3.

POUR VOUS AIDER :

chez = dans la maison de…, à la boutique de…

▪ Lisez

Paris – Châtillon
la banque – la maison – l'école – l'épicerie –
le restaurant – le café – les toilettes

■ Complétez

Avec chaque nom de lieu, écrivez des phrases commençant par : *il ou elle va …*

APPRENEZ	
être **dans** le…	aller **à** la…
dans la…	aller **à** l'…
dans l'…	aller **à** (ville)
dans les…	aller **au**…
	aller **aux**…
être **chez** le / la / l' / les	
aller **chez** le / la / l' / les	

■ Réfléchissez

Qu'est-ce qu'on utilise généralement après le verbe « aller » ?

■ Vérifiez vos conclusions

Exemples :
Emile va à Orléans.
Thomas va aux toilettes.
Yvette va chez le boulanger.
Edouard est chez Fanny.
L'étudiant est dans la salle de cours.

4　Lisez et distinguez

Faites correspondre les personnes et les formes verbales (attention, il y a des formes sans pronom).

Pronoms :
nous – ils – on – je – elles – vous – il – tu – elle

Formes verbales :
allez – va – vais – allez – vas – allons – vont – va – allons

■ Entraînez-vous

Conjuguez le verbe « aller »
au présent, forme affirmative,
à l'impératif,
au présent, forme interrogative,
au présent, forme négative.

APPRENEZ		
verbe ALLER	au présent	à l'impératif
je	vais	
tu	vas	Va !
il – elle – on	va	
nous	allons	Allons !
vous	allez	Allez !
ils – elles	vont	

5　Ecoutez les sons

■ Ecoutez et comptez

• Combien de fois entendez-vous le même son que l'article « un » ?
• Combien de fois entendez-vous le son de la voyelle de l'article « le » ?
• Entendez-vous ces mêmes sons dans d'autres mots ?
• Combien de fois ?

■ Ecoutez et répétez

Répétez le refrain.
Ecoutez de nouveau et répétez uniquement le refrain.

■ Ecoutez et écrivez : dictée

43

A vous

A. Faites des phrases, à tour de rôle,
en utilisant « aller à » à toutes les personnes.

Exemple : *Il va à Bruxelles.*

Bruxelles

Bayonne

Toulouse

Genève

Lyon

Nancy

Paris

Marseille

Montréal

1

2

44

B. Faites des phrases, à tour de rôle, avec des noms de lieu (attention aux contractions!).

Exemple : *Xavier va à l'université.*

EN BREF : *A Paris il y a environ 336 salles de cinéma, 48 théâtres et 125 cafés-théâtres, 20000 restaurants, cafés et boîtes de nuit. Ces lieux sont répertoriés dans des publications spécialisées comme « L'officiel des spectacles » ou « Pariscope ».*
En France, on parie sur des courses de chevaux.

Comptez les phrases interrogatives, impératives et exclamatives.

■ *Répondez*

- Est-ce que quelqu'un frappe à la porte ?
- Est-ce qu'il y a quelqu'un à la porte ?

- Est-ce qu'il y a du vent ?
- Est-ce que le volet de la cuisine est fermé ?

7   Ecoutez et repérez 📼

Ecoutez la conversation et notez les verbes suivant le verbe « aller » conjugué.

8   Lisez et modifiez

Conjuguez le verbe « aller » dans la phrase :
« Je vais chercher du travail ».

■ *Réfléchissez*

Xavier dit : « Je vais chercher du travail ».
- Quand va-t-il chercher du travail :
(hier, aujourd'hui ou demain) ?
- Quelle est la construction du futur proche ?

> **APPRENEZ**
>
> **Futur proche** = verbe **ALLER** conjugué + verbe à l'**INFINITIF**

Exemple : *Xavier va chercher du travail.*

9   Lisez et répondez

- Qui cherche du travail ?
- Qui offre du travail ?
- Pour quels métiers ?

Les Postes et Télécommunications cherchent J.H. et J.F. pour distribution courrier à Paris en juillet et août.

La Banque de l'Ouest cherche employés pour nouvelle succursale. Expérience demandée.

Jeune homme diplômé de la Faculté de Droit d'Assas cherche emploi région parisienne.

Jeune fille étrangère cherche garde d'enfants le matin.

Entreprise de fabrication de tissus, région Rhône-Alpes, cherche jeune représentant commercial.

POUR VOUS AIDER : des exemples de métiers : employé – secrétaire – facteur – représentant commercial – garde d'enfants – infirmière – médecin – avocat – commerçant

A. Formez des groupes de deux et jouez, à l'aide des petites annonces, une conversation téléphonique pour expliquer le travail que vous cherchez.

B. Chacun rédige une petite annonce.
C. Par groupes de deux, vous expliquez l'un à l'autre le travail que vous cherchez ou que vous proposez.

LEÇON 8

Contenus de la leçon

- Introduction à la localisation dans le temps
- Interrogation sur l'heure, la date et le moment
- Expression de l'heure, de la date et du moment
- Deux nouvelles consonnes françaises
- Le travail et les horaires
- Fixer des rendez-vous, par lettre et au téléphone

1 Ecoutez, regardez et repérez 📼

A. Trouvez à quelle photo correspond l'heure que vous entendez.

B. Ecoutez, regardez et lisez

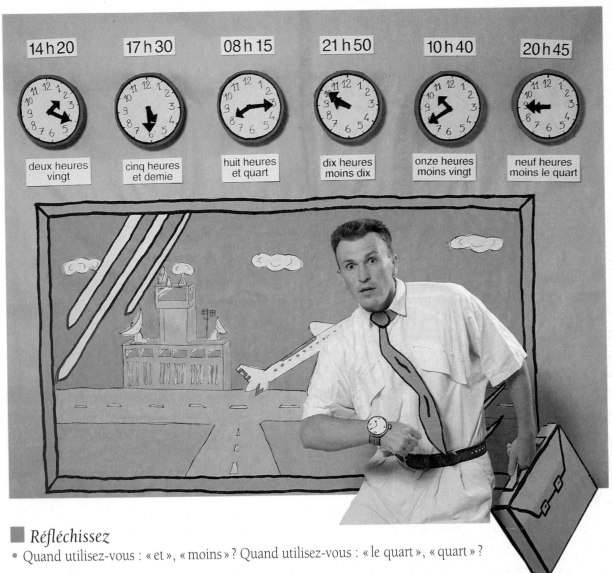

14 h 20	17 h 30	08 h 15	21 h 50	10 h 40	20 h 45
deux heures vingt	cinq heures et demie	huit heures et quart	dix heures moins dix	onze heures moins vingt	neuf heures moins le quart

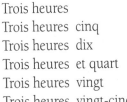
Réfléchissez
• Quand utilisez-vous : « et », « moins » ? Quand utilisez-vous : « le quart », « quart » ?

Ecoutez, vérifiez vos conclusions et répétez

Trois heures
Trois heures cinq
Trois heures dix
Trois heures et quart
Trois heures vingt
Trois heures vingt-cinq
Trois heures et demie.

Quatre heures moins vingt-cinq
Quatre heures moins vingt
Quatre heures moins le quart
Quatre heures moins dix
Quatre heures moins cinq
Quatre heures.

A tour de rôle, sur toutes les photos, posez la question : « Quelle heure est-il ? » et répondez : « Il est … ».

EN BREF : *Officiellement, on dit « treize heures, quatorze heures, … », mais dans le langage courant, on dit « trois heures du matin », « trois heures de l'après-midi » ou « neuf heures du soir ». 12h = midi et 24h = minuit.*

Ecoutez et repérez 📼

Edouard, Christine et Xavier sont interrogés.
Trouvez qui parle de maintenant, qui parle d'avant, qui parle d'après.

3   Ecoutez et répétez 📼

1945 – 1956 – 1968 – 1789 – 1981 – 1993 – 2005

4   Lisez et réfléchissez

Regardez cette lettre et posez des questions sur les dates et les heures en employant :
« à quelle date … ? », « à quelle heure … ? », « quel jour … ? », « en quelle année … ? ».

■ *Classez*
Distinguez les différentes formes de « quel » et
classez en : masculin, féminin, singulier et pluriel …

■ *Réfléchissez*
Repérez quand et pourquoi ces formes sont
précédées de « à », « en », …

■ *Vérifiez vos conclusions*

APPRENEZ		
	MASCULIN	FÉMININ
singulier. (à, de, en)	quel	quelle
pluriel (à, de, en)	quels	quelles

Exemples : *Il va arriver à quelle heure ?*
Tu parles de quel rendez-vous ?
Nous sommes en quelle année ?
Quelles montres tu préfères ?

TISSUS
DE FRANCE
Maison créée en 1850

Lyon, le 14 mai 1993

Monsieur le Directeur,

Suite à votre courrier du
29 avril, j'ai le plaisir de
vous confirmer ma visite aux
DAMES DE BAYONNE.
J'arriverai le lundi 24 mai,
à neuf heures du matin, avant
l'heure d'ouverture du agasin.
Merci de votre confiance en
notre maison.
Recevez, Monsieur le
Directeur, mes salutations
distinguées,

Christophe LEVASSEUR
Représentant Commercial

5   Ecoutez les sons 🎵

■ *Repérez et comptez*
Comptez les mots : bête – fauve – féline
– éléphant …
Terminez la phrase : « C'est l'histoire … ».

■ *Ecoutez et répétez*
Répétez le refrain.
Ecoutez de nouveau et répétez le refrain
uniquement.

■ *Ecoutez et écrivez : dictée*

Proposez le début et la fin de la circulaire.

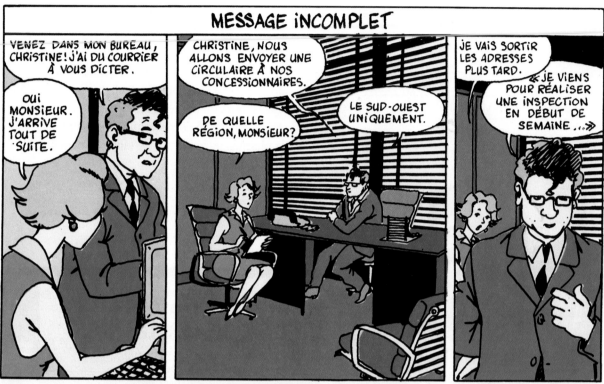

MESSAGE INCOMPLET

VENEZ DANS MON BUREAU, CHRISTINE! J'AI DU COURRIER À VOUS DICTER.

OUI MONSIEUR. J'ARRIVE TOUT DE SUITE.

CHRISTINE, NOUS ALLONS ENVOYER UNE CIRCULAIRE À NOS CONCESSIONNAIRES.

DE QUELLE RÉGION, MONSIEUR?

LE SUD-OUEST UNIQUEMENT.

JE VAIS SORTIR LES ADRESSES PLUS TARD.

« JE VIENS POUR RÉALISER UNE INSPECTION EN DÉBUT DE SEMAINE... »

« VOUS VENEZ » ...TOUT SEUL?

VOUS VOULEZ VENIR AVEC MOI, CHRISTINE?

AH NON, MONSIEUR! JE VOUS DEMANDE SI VOUS ÉCRIVEZ « JE VIENS » TOUT SEUL, SANS ...

AH OUI! SANS LES FORMULES DE POLITESSE?

OUI, C'EST ÇA.

BIEN SÛR, ELLES VIENNENT AU DÉBUT, ELLES VIENNENT À LA FIN...

VOUS ALLEZ FAIRE ÇA APRÈS, CHRISTINE. JE VOUS FAIS CONFIANCE.

■ Classez et complétez

Repérez les formes verbales des verbes
« aller » et « venir ».

• Quelles personnes du verbe « venir » manquent?
Imaginez les formes correspondantes.

• Quelles sont les formes négative et interrogative
du présent?

• Quelle est la forme négative à l'impératif?

7 Regardez et précisez

Répondez, à l'aide de toutes les photos.

• A quel moment se déroulent les scènes :
le jour ou la nuit, le matin, le midi ou le soir ?

• Où se situent les scènes : à la maison, dans la rue ?

• Quels lieux voyez-vous ? A quelle heure on ouvre ? A quelle heure on ferme ?
Quels jours on ouvre et on ferme ?

• Quel magasin correspond à quel symbole :
la pharmacie, le bureau de tabac, le marchand de journaux ?

1

2

3

4

8   Ecoutez et répondez 📼

Ecoutez cet extrait de « Paris s'éveille » de Jacques Dutronc.
- Quel est le moment de la journée ?
- Quelle heure précise entendez-vous ?
- De quelle ville parle-t-on ?
- Quels monuments sont cités ?

9   Ecoutez et repérez 📼

Prenez des notes correspondant aux messages des répondeurs.

A vous

A. Le correspondant n'est pas là : laissez un message sur le répondeur pour un rendez-vous.

B. Le correspondant est là : imaginez des conversations à deux avec le contenu du message laissé dans A.

LEÇON

9

Contenus de la leçon

- Deux autres sons bien français
- Les villes, les pays, les paysages et le climat
- Dire ce qu'on veut
- Confirmer des rendez-vous par écrit

---

1 Regardez et repérez

Voilà un planisphère et une carte d'Europe.

Ecrivez les noms des pays :
– ayant une frontière avec la France,
– proches de la France,
– assez loin de la France,
– très loin de la France.

■ *Classez*

Faites quatre listes avec les pays précédés de :
« le », « la », « l' », « les ».

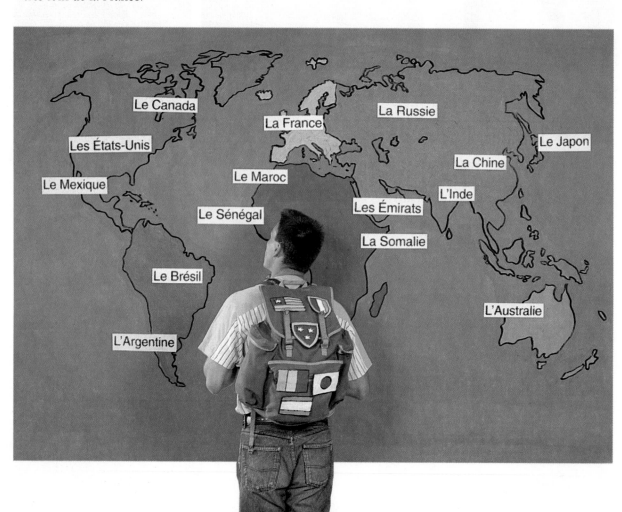

Le Canada
La France
La Russie
Les États-Unis
Le Japon
La Chine
Le Mexique
Le Maroc
L'Inde
Le Sénégal
Les Émirats
La Somalie
Le Brésil
L'Australie
L'Argentine

1. l'Irlande
2. La Grande-Bretagne
3. Le Danemark
4. L'Allemagne
5. Les Pays-Bas
6. La Belgique
7. Le Luxembourg
8. La France
9. L'Italie
10. L'Espagne
11. Le Portugal
12. La Grèce

2 Ecoutez les sons 𝄞 ▭

Ecoutez et repérez

Repérez les mots « œuf » et « bœuf ».
• Qu'est-ce que vous remarquez lorsque ces mots sont au pluriel ?

Ecoutez et répétez

Répétez le refrain.
Ecoutez de nouveau et répétez uniquement le refrain.

Ecoutez et écrivez : dictée

Qui vole un œuf, vole un bœuf

Regardez et observez

Observez la carte de France et faites une liste des villes importantes.

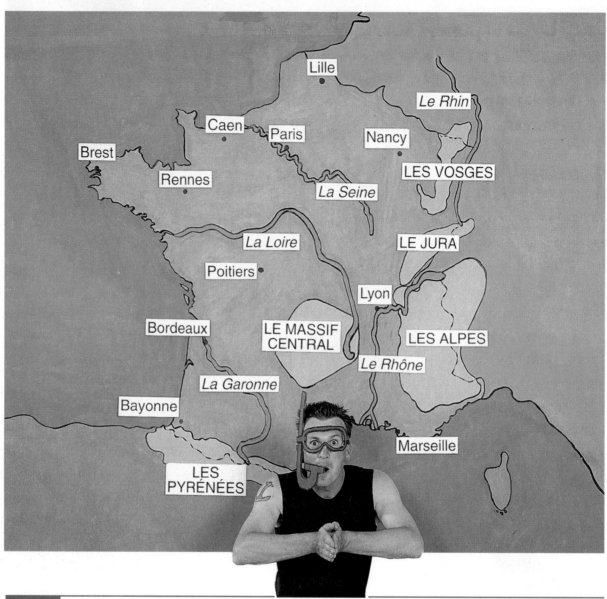

4

Ecoutez et repérez 🔲

Faites une liste des lieux cités.

■ *Complétez*

Ecrivez le mot qui se trouve devant chaque nom de lieu.

■ *Réfléchissez*

Regardez les listes des activités 1, 3 et 4.
• Quand utilisez-vous « à », « au », « aux », « en » ?

■ *Vérifiez vos conclusions*

APPRENEZ		
pays		villes
la – l'	en	
le	au	à
les	aux	

Exemples : *en Belgique – en Italie – au Brésil – aux Etats-Unis – à Genève*

5   Ecoutez, lisez et repérez

Voilà quelques formes des verbes « vouloir »
et « faire » dans le désordre :
fais – faisons – voulez – fait – veux – faites – veut
font – veulent – voulons

■ *Classez*
Distinguez ces formes et écrivez les pronoms
correspondants.

■ *Entraînez-vous*
A tour de rôle, conjuguez les verbes « faire »
et « vouloir ».

APPRENEZ			
verbe VOULOIR au présent		verbe FAIRE au présent	
je	veux	je	fais
tu	veux	tu	fais
il–elle–on	veut	il–elle–on	fait
nous	voulons	nous	faisons
vous	voulez	vous	faites
ils–elles	veulent	ils–elles	font

6   Ecoutez et répondez

• Devinez. Est-ce une couleur ou une chose ?

7   Regardez, lisez et repérez

Faites correspondre les phrases
et les images.

a. La rose du jeune homme
est blanche.

b. La rose de la jeune fille
est rose.

c. Les roses des hommes
sont jaunes.

d. Les roses des femmes
sont rouges.

■ *Réfléchissez*
• Pourquoi « du » et « des » ?
• Quelles autres contractions connaissez-vous ?

■ *Vérifiez vos conclusions*

■ *Répondez aux questions*
• Quel est le masculin pluriel de « rose » ?
• Quel est le masculin singulier de « jaunes » ?
• Quel est le féminin pluriel de « blanche » ?
• Quel est le masculin singulier de « rouges » ?

APPRENEZ	
de + le =	du
de + l' =	de l'
de + la =	de la
de + les =	des

POUR VOUS AIDER :

blanc (masc. singulier) – blancs (masc. pluriel) –
blanche (fém. singulier) – blanches (fém. pluriel)

Dans les deux scènes, trouvez les formes de « vouloir » et de « faire ».

Réfléchissez

Vous connaissez la négation avec « ne… pas » et avec « ne… personne ».

• Quel autre terme négatif découvrez-vous dans les deux scènes ?

• Vous connaissez le terme « quelqu'un ».

Quel autre terme découvrez-vous ici ?

• Vous connaissez la conjugaison de « vouloir ». Quelle forme nouvelle découvrez-vous ?

Quelles sont vos conclusions ?

A. Vous cherchez avec des amis des photos ou des cartes postales pour un album de paysages ou de villes du monde.
Employez à tour de rôle les formes du verbe « vouloir »

Exemples : *Les amis voudraient…*
Je voudrais…

B. Karl, le photographe, va réserver par téléphone les billets d'avion pour aller au Canada.

C. Ecrivez la lettre de Walter au directeur du journal « Images du monde » pour confirmer : la réalisation d'un reportage sur les forêts canadiennes, le jour et l'heure de l'arrivée de Walter avec Karl à l'aéroport de Montréal.

D. Par groupes de deux, proposez quelque chose à un ami : un reportage, un voyage, une promenade.

LEÇON 10

Evaluation

- La localisation dans le temps et dans l'espace, avec ou sans mouvement
- L'expression de la volonté
- Les lieux dans la ville
- Chercher son chemin
- Fêtes et célébrations de fin d'année

---

1 ## Regardez et repérez

À l'aide du plan du centre ville et des photos de Toulouse, situez chaque photo sur le plan.

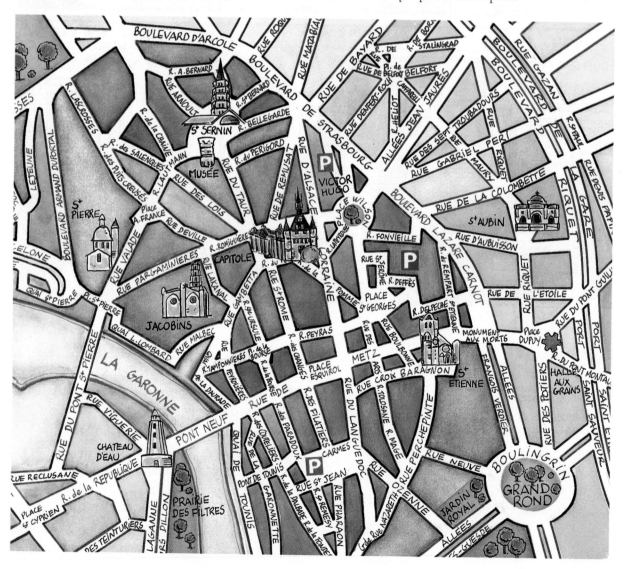

1. Parking Victor-Hugo. 2. Café Place Saint-Georges. 3. Le Pont Neuf. 4. Le Capitole.
5. L'église Saint-Sernin. 6. Le jardin du Grand Rond. 7. Le musée Saint-Raymond.

À vous

Chacun prépare, avec le plan, une visite de la ville et la présente aux autres.
Organisez, un par un, la visite de la ville.

POUR VOUS AIDER : on marche… on tourne… on continue… puis… après le…

→	←	⟷	→	↑
à droite	à gauche	à côté	en face	tout droit

Faites une description des photos. Vous pouvez aussi vous servir du plan.

2 · Lisez et complétez

Complétez avec les verbes :
« aller », « être », « habiter », « faire »,
aux formes qui conviennent.

| Louis Mignard … français.
| Il … à Paris.
| Le matin il … au bureau.
| Marguerite Roux … à Châtillon-sur-Loire.
| Dans la journée, Edouard Brun … à la banque,

parce qu'il … employé dans la succursale du quartier.
Walter et Karl … au Canada pour … un reportage.
L'été il … beau, mais l'hiver, généralement, il … mauvais.
Suzanne et Geneviève … françaises.
Elles … en France.

3 · Ecoutez et complétez

L'h…re du d…j…ner …rrive. La fam…lle v… m…ger. A tabl…, il y a d… c…teaux, des fourch…ttes, d… cuill…res et des v…rres. L… serviettes s… bl… et l… nappe … bl…che. L… pain et la car…fe d'… sont …ssi sur la t…ble.

A vous

Par groupes de deux et avec le plan de ville, donnez des instructions pour aller d'un endroit à un autre.

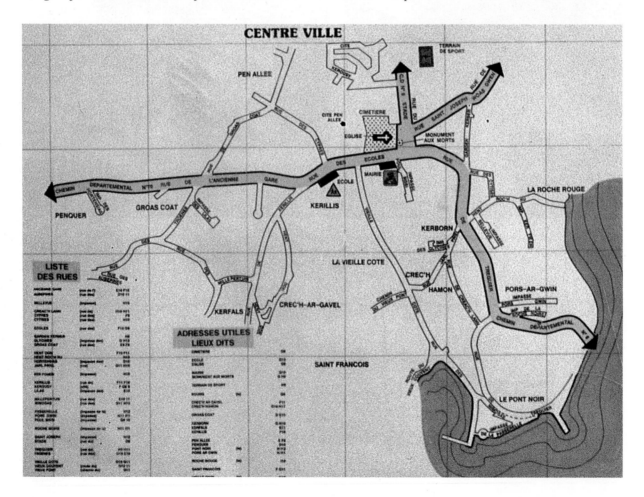

A partir de la description, dessinez le plan correspondant.

5 Entraînez-vous

A tour de rôle, chacun propose une forme de la conjugaison des verbes :

« venir » à l'impératif affirmatif,

« faire » au présent négatif,

« vouloir » au présent affirmatif,

« aller » à l'impératif négatif.

6 Ecoutez et repérez

A partir des conversations à la préfecture de police, trouvez l'identité des personnes interrogées : noms, prénoms, date de naissance, lieu de naissance, nationalité, métier, adresse.

A vous

A. Vous êtes à la gendarmerie. Formez des groupes de deux. L'un joue le rôle du gendarme, l'autre, le rôle de la personne interrogée.

B. A partir des éléments suivants, écrivez un texte.

• neuf heures – onze heures et quart – midi et demi – quatorze heures – dix-neuf heures – vingt-deux heures quarante-cinq – minuit

• vendredi – samedi – lundi – mars – avril – mai

• arriver – manger – faire – travailler – habiter – parler – téléphoner – interroger – aimer – chercher

• la concierge – le mari – la femme – la secrétaire – l'agent de police

C. Racontez votre histoire.

EN BREF : *La gendarmerie et la police municipale ont toutes deux la mission de garantir la sécurité des citoyens sur l'ensemble du territoire français.*
Cependant hors des villes, seuls les gendarmes assurent cette mission.

7 Lisez et modifiez

Composez votre menu idéal pour le réveillon.

POUR VOUS AIDER : le réveillon est le repas de la nuit de Noël
(24 décembre) et de la nouvelle année (31 décembre).

EN BREF :
Noël, c'est : 11 millions de sapins, 25 000 tonnes de chocolat,
50 000 tonnes d'huîtres, 15 000 tonnes de dindes,
5,5 millions de poupées.

Réveillon de Noël

Coquilles St Jacques crues
marinées aux truffes

Brouillade d'Oursins au Cerfeuil

Blanc de St Pierre
aux Asperges d'Hiver

Millefeuilles à la Vanille
et au chocolat noir

Café et Mignardises

Noël

Terrine de foie gras
de canard

Capitaine rôti
aux langoustines

Dinde aux marrons

Fromage de nos régions

Bûche de Noël

Café et Mignardises

Réveillon du jour de l'an

Salade de homard breton
au pourpier

Galette de pomme de terre
au caviar

Filet de turbot rôti à la moelle
et au St Emilion

Chèvre frais mariné
à l'huile d'olive
du moulin de Saint Gassien

Soufflé chaud
à la mandarine

Café et Mignardise

A vous

A. A partir de ces photos, établissez deux listes : les cadeaux et la nourriture.
Cherchez les mots français pour décrire ces produits.

B. Proposez des chansons de Noël que vous connaissez.

LEÇON 11

Révision

- Formes de la négation et de l'interrogation
- Accords de genre, de nombre et de personne
- L'expression du moment présent
- Révision de phonétique et de conjugaison
- Dire qui, où, quand et pourquoi
- Paris et ses monuments

---

1 Ecoutez, regardez et répondez BD 📼

A. Répondez par «oui» ou par «non» :
- Est-ce qu'Edouard va chercher Christine à la sortie du bureau ?
- Est-ce qu'il fait beau ?
- Est-ce que l'autobus passe par l'avenue des Champs-Elysées ?

B. Répondez par un seul mot si possible (deux ou trois maximum) :
- Qui va chercher Christine ? Quand ?
- Que dit Edouard à Christine quand ils se rencontrent ?
- Où veut aller Edouard ?
- A quelle heure ferme l'exposition ?

- A quel arrêt quittent-t-ils l'autobus ?
- Combien de temps vont-t-ils attendre avant d'entrer dans le Grand Palais ?

C. Répondez en expliquant :
- Pourquoi Edouard est-il de bonne humeur ?
- Comment va Christine, quand elle sort du bureau ?
- Pourquoi décident-ils d'aller à l'exposition ?
- Qu'est-ce qui arrive à la fin ?

■ *Révisez*
Revoyez les différentes formes de l'interrogation dans le Précis grammatical page 186.

2   Ecoutez, répétez et repérez 🔊

Combien de fois entendez-vous les adjectifs
suivants :
beau – bon – heureux – sympathique – intéressant –
fatigué – plein – jeune – ennuyeux

▪ *Classez*

• Quels sont les adjectifs que vous entendez avant
le nom et les adjectifs que vous entendez après
le nom ? Mettez ces adjectifs au féminin.
• Quelles formes vous semblent difficiles ?

POUR VOUS AIDER :
beau – belle – beaux – belles

▪ *Quelles sont vos conclusions ?*
Consultez le Précis grammatical page 188

---

3   Entraînez-vous

A. Formez sept groupes :
chaque groupe prépare la conjugaison complète
d'un des sept verbes suivants, aux formes
affirmative, négative et interrogative
(avoir, être, venir, aller, faire, vouloir,
demander).

B. Concours entre groupes : chaque groupe
retient, dans ses conjugaisons, cinq formes à faire
deviner à un autre groupe.

Le groupe qui devine peut poser trois questions :
– 2 sur la personne,
– 1 sur la forme.
Pour une réponse juste : un point.
Pour une réponse fausse : un point pour le groupe
qui pose la question.

---

4   Ecoutez, repérez et réfléchissez 🔊

Notez les négations que vous entendez. Distinguez les négations avec « ne + pas » ou « ne + ... »
• Combien de catégories trouvez-vous ?

■ *Modifiez*

Transformez les affirmations en négations.

> Dans la chambre, il y a quelqu'un.
> Thomas est là. Il entend quelque chose.
> Yvette veut entrer et Thomas veut sortir.
> Yvette fait quelque chose : elle enfonce la porte.

■ *Ecrivez*

A l'aide de ces phrases, faites un texte pour décrire la scène.

Employez des affirmations ou des négations selon la situation et remplacez les prénoms pour éviter les répétitions.

---

5 Lisez et complétez

Complétez avec les formes verbales qui conviennent :
aller – avoir – changer – décider – être – faire – visiter

> Edouard … cherche Christine à quatre heures,
> à la sortie du travail. Christine … un peu fatiguée,
> mais Edouard … en pleine forme. Ils … prendre
> l'autobus pour … sur une terrasse de café parce
> qu'il … beau. Mais le temps … et l'humeur
> d'Edouard … aussi. Il … peut-être pleuvoir.
> Alors, ils … d'aller … une exposition. Devant
> le Grand Palais il y … une longue queue.
> Quelle fin d'après-midi !

> Si vous voulez vivre longtemps,
> vivez vieux.
>
> Extraits d'Erik Satie, par Ornella Volta,
> Seghers/Humour, 1979.

---

6 Ecoutez les sons

■ *Ecoutez et repérez*

Ecoutez ces phrases et repérez les sons que vous connaissez.

■ *Ecoutez et répétez*

«Ils font la queue longtemps devant un monument».

> Celui qui, dans la vie,
> est parti de zéro pour n'arriver à rien
> n'a de merci à dire à personne.
>
> Pierre DAC, *Les Pensées*, Le Cherche-Midi, 1978

Posez-vous des questions les uns les autres sur la BD de la page 66 et 67.

A la manière de l'activité 1, imaginez d'autres questions possibles :
– pour des réponses par oui ou par non,
– pour des réponses par un seul mot,
– pour des réponses avec des explications.

■ *Ecrivez*

Notez les questions posées.

Ecrivez les réponses à toutes les questions de l'activité 1 avec des phrases complètes.

Exemple : *Est-ce qu'Edouard va chercher Christine à la sortie du travail ?* Notez : *Edouard va chercher Christine à la sortie du travail.*

A l'aide de toutes les réponses, faites par écrit et en groupe une courte description de la scène.

Regardez et repérez

A partir des photos, trouvez les monuments et situez ces monuments sur le plan de Paris.

Ecoutez et repérez

Dans la chanson « Paris » de Francis Lemarque,
vous entendez les mots et les expressions suivants :
14 juillet – accordéon – faubourg – rue – pavés – Paris

■ *Trouvez*
Cherchez sur les photos ce qui rappelle
ces mots.

1. L'obélisque de la Place de la Concorde. 2. L'Opéra Bastille. 3. La cathédrale Notre-Dame. 4. La tour Eiffel. 5. Le Sacré-Cœur.

EN BREF : *Sur la Seine, il y a des bateaux-mouches (ou vedettes) pour les promenades des touristes et des péniches pour le transport des marchandises. Il y a aussi des gens qui habitent dans des péniches pour le plaisir.*

Révision

- La localisation dans l'espace
- Le présent, le futur proche et le passé récent
- Décrire et se décrire
- Villes et lieux de France

---

1 Ecoutez les sons

Repérez et comptez les sons-consonnes que vous entendez.

- Combien de (p) et (m)?
- Combien de (t) et (d)?
- Combien de (v) et (f)?
- Combien de (l)?

■ *Ecoutez et répétez*

Répétez les dernier vers du poème :
«Les femmes mentent mentent»

Apollinaire, in *Le Guetteur mélancolique*, Gallimard, 1952.

---

2 Lisez et repérez

A l'aide des petites annonces suivantes (recherches de relations amicales ou amoureuses), trouvez des mots correspondant à des parties du corps ou à des adjectifs pour les décrire.

Femme âge moyen, veuve, agréable à regarder, veut refaire sa vie avec homme doux, éventuellement plus jeune. (Réf.A)

Divorcé, sans enfants, très bel homme, belle situation, cherche compagne pour aventures passionnantes. (Réf.B)

Intellectuelle, petite taille, joli visage, mains douces, recherche chaleur et amitié. (Réf.C)

Cadre supérieur, veuf, cherche jeune femme pour offrir bonheur et sécurité. (Réf.D)

Jeune femme, yeux bleus, cheveux longs, sexy et gaie, cherche homme mûr pour avenir heureux, avec sécurité financière. (Réf.E)

Jeune homme au chômage, grand et fort, athlétique, cherche femme pour avenir sans angoisses. (Réf.F)

Pas très jolie, mais drôle et inventive, veut faire rire et rendre heureux un homme pour la vie. (Réf.G)

Bras forts, pied solide, j'offre chaleur et amitié à femme compréhensive. (Réf.H)

---

3 Ecoutez et distinguez

Faites correspondre la description de quatre des huit personnes de l'enregistrement aux quatre illustrations.

■ *Combinez*

- Quels annonceurs de l'activité 2 correspondent aux illustrations?
- Quelles personnes recherchées dans les petites annonces correspondent aux illustrations?
- Quels couples sont possibles? (Répondez à l'aide des petites annonces et des descriptions enregistrées).

1   2   3   4

---

4   Ecoutez et repérez

Ecoutez encore l'enregistrement de l'activité 3 et notez les villes citées.

◼ Ecrivez

A. Etablissez la carte d'identité des personnages décrits dans l'enregistrement (ce sont les mêmes que dans les petites annonces), avec nom, prénom, adresse, profession, date de naissance, nationalité, sexe, situation familiale (célibataire, marié, divorcé, veuf…).

Voilà les prénoms et noms dans le désordre :
Guy, Marie, Charles, Grégoire, Odile, Manon, Hugues, Thérèse.

Doucet, Branquin, Sourdre, Fraischant, Loiseau, Bompiet, Philoux, Quencien.

B. Etablissez la carte d'identité des personnages inventés par vous dans « A vous » ci-dessous.

A l'usine
Au bureau
Dans les champs
ASSUREZ-VOUS CONTRE L'AMOUR
Un regard est si vite arrivé !

Henri HEURTEBISE, in, n° Humour, 1971

A tour de rôle décrivez oralement les personnes illustrées, en vous servant aussi des petites annonces de l'activité 2.

Dessinez approximativement des personnages que vous allez ensuite décrire. Ecrivez des petites annonces correspondant à vos personnages.

POUR VOUS AIDER : la tête – les cheveux – le visage – les bras – les mains – la jambe – le pied

A vous

A. Situez sur la carte de France les villes représentées sur les photos.

B. Tous les personnages des activités précédentes voyagent en France pour se retrouver. Dites d'où ils viennent et où ils vont, à l'aide de la carte de France et des photos.

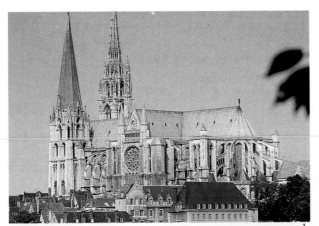

1. La cathédrale de Chartres. 2. Le Palais des Papes à Avignon. 3. L'horloge de Rouen. 4. La place Stanislas à Nancy.
5. La Petite France à Strasbourg. 6. Les arènes de Nîmes. 7. Le Mont Saint-Michel.

A. Trouvez tous les verbes qui indiquent des mouvements ou des déplacements.

B. Séparez les infinitifs des verbes conjugués.

C. Observez les infinitifs « montrer », « se dérouler », « filmer », « faire », « traverser », « regarder », « se terminer », « rentrer », « emporter ».
• Quels sont les verbes conjugués qui les précèdent ?

D. Observez les verbes « aller » et « venir » quand ils précèdent des infinitifs.
• Quelle est la différence de construction ?
• Ces constructions correspondent-elles à un moment passé, présent ou futur ?

APPRENEZ

verbe **VENIR** conjugué + **DE** + verbe à l'infinitif

Exemple : *Je viens de faire l'exercice.*

L'ÉQUIPE RESTE PENDANT QUELQUES JOURS DANS LES ALPES. LES ROUTES DE MONTAGNE SONT IDÉALES POUR MONTRER LA PUISSANCE D'UNE VOITURE.

ZOÉ ET KARL VIENNENT DE FAIRE PLUSIEURS KILOMÈTRES EN TRAIN. ILS VIENNENT DE TRAVERSER LA FRANCE D'EST EN OUEST. ILS ARRIVENT ÉPUISÉS À L'HÔTEL DE BORDEAUX.

APRÈS LES PLAGES ET LES FORÊTS DES LANDES, LA TOURNÉE VA SE TERMINER EN BEAUTÉ AU MONT SAINT-MICHEL.

...EN PERSPECTIVE, DES TOURNAGES SUR LES PLAGES DE LA CÔTE ATLANTIQUE.

JE VEUX ENCORE REGARDER LES PHOTOS DES ALPES. TU ES SÛR QUE JE N'AI PAS LE NEZ TOUT ROUGE À CAUSE DU FROID ?

ZOÉ, TU ES BELLE, TU ES PARFAITE. NE T'INQUIÈTE PAS. BON ET MAINTENANT ALLONS NOUS REPOSER.

À QUELLE HEURE ON COMMENCE ?... TIENS, VOILÀ L'INGÉNIEUR !

VOTRE ATTENTION, S'IL VOUS PLAÎT.

VOUS POUVEZ RENTRER CHEZ VOUS, C'EST TERMINÉ ! PAS DE TOURNAGE, AUJOURD'HUI !

QU'EST-CE QU'IL DIT ?

LA MARÉE VIENT D'EMPORTER NOTRE PROTOTYPE UNIQUE DE LA NOUVELLE «RÉSEAU».

A vous

A. Formez quatre ou cinq groupes. Chaque groupe choisit un objet (voiture, bicyclette, moto ou autre) et une ville pour faire une publicité filmée.

Il écrit deux petites annonces pour chercher un modèle et un photographe.

B. Chaque groupe joue la scène du tournage.

LEÇON 13

Contenus de la leçon

- Les démonstratifs
- Formation du futur
- Quelques nouvelles consonnes
- La santé et le corps humain
- Apprendre à raconter

---

1 Lisez, écoutez et repérez

Chantal Mignard voit les lunettes et l'appareil photo dans la vitrine, les livres sur la table, la poupée sur l'étagère, le bibelot sur le comptoir. Elle dit qu'elle achète le bibelot, l'appareil photo, la poupée, les livres et les lunettes.

■ *Complétez*

Elle achète ce bibelot, cette…, cet…, ces… et ces…

APPRENEZ		
	MASCULIN	FÉMININ
singulier	ce – cet	cette
pluriel	ces	

2   Lisez et modifiez

Elle achètera le livre de cuisine.
Ils porteront des lunettes de soleil.
Je chercherai la poupée sur l'étagère.
Nous trouverons les réponses aux questions.
Il examinera le corps du malade.
Tu consulteras la carte de France.
Il regardera les bibelots sur la cheminée.
Vous rentrerez par le train de 8 heures.

A. Ecrivez ces phrases au présent.
Exemple : *Elle achète le livre de cuisine.*

B. Ecrivez ces phrases au futur proche.
Exemple : *Elle va acheter le livre de cuisine.*

C. Posez des questions en employant
«quel», «quelle», «quels» ou quelles».
Exemple : *Quel livre elle achète ?*

3   Ecoutez les sons

■ *Ecoutez*

Mettez les mots suivants dans l'ordre où vous
les entendez :
gros – maigre – arbre – tronc – crâne –
bras – ogre

■ *Ecoutez et répétez*

Répétez le refrain.
Ecoutez de nouveau et répétez uniquement
le refrain.

■ *Ecoutez et écrivez : dictée*

4   Lisez et réfléchissez

Si tu veux, la semaine prochaine on visitera
la maison. J'arriverai tôt le matin. Tu arriveras
après, tu frapperas et j'ouvrirai la porte, puis
nous fermerons bien les volets. Manuel arrivera
plus tard et il tournera autour de la maison
Ensuite, je sortirai et j'inviterai Manuel à entrer.
Vous resterez seuls et vous continuerez sans
moi. En partant, je penserai : « Ils aimeront
cette maison. Ils parleront de l'acheter,
ils décideront ensemble et moi, je quitterai
ce lieu pour toujours.»

APPRENEZ	
verbe TROUVER au futur	
je	trouve**rai**
tu	trouve**ras**
il – elle – on	trouve**ra**
nous	trouve**rons**
vous	trouve**rez**
ils – elles	trouve**ront**

■ *Trouvez*

Notez les formes verbales conjuguées
dans ce texte.
Classez ces formes selon les différentes personnes.

■ *Vérifiez vos conclusions*

DIFFÉRENCE DE POINTS DE VUE

JE VOIS QUE VOUS ALLEZ BIEN.

QU'EST-CE QUE VOUS DITES ?

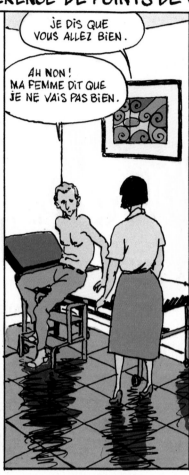

JE DIS QUE VOUS ALLEZ BIEN.

AH NON ! MA FEMME DIT QUE JE NE VAIS PAS BIEN.

ET POURQUOI, VOYONS ?

ELLE DIT QUE VOUS NE ME DITES PAS LA VÉRITÉ.

ÉCOUTEZ, ELLE NE VOIT PAS LES CHOSES COMME MOI. LES GENS VOIENT UNE CHOSE, LES MÉDECINS VOIENT AUTRE CHOSE.

VOUS VOYEZ ? C'EST ÇA LE PROBLÈME : MOI, JE VOIS QUE JE SUIS FATIGUÉ. MA FEMME, ELLE, VOIT QUE JE SUIS DE MAUVAISE HUMEUR ET VOUS, VOUS DITES QUE JE VAIS BIEN.

NON, NON. JE VOIS AUSSI QUE VOUS ÊTES DE MAUVAISE HUMEUR.

5   Ecoutez, regardez et repérez [BD] 📼

A. Notez les formes des verbes «voir» et «dire».
B. Classez ces formes et essayez de compléter les conjugaisons.

■ *Entraînez-vous*
Conjuguez les verbes «voir» et «dire».

■ *Complétez*
Ecrivez la forme négative des verbes «voir» et «dire».

APPRENEZ			
verbe VOIR au présent		**verbe DIRE au présent**	
je	vois	je	dis
tu	vois	tu	dis
il – elle – on	voit	il – elle – on	dit
nous	voyons	nous	disons
vous	voyez	vous	dites
ils – elles	voient	ils – elles	disent

6   Ecoutez et repérez 📼

Notez où le malade a mal.

• Qu'est ce qu'il dit ?
Exemple : *Il dit qu'il a mal à la tête.*

7   Cherchez les mots

A. Consultez votre vocabulaire thématique pour trouver les mots qui correspondent au corps humain.

B. Cherchez dans le vocabulaire thématique des verbes liés à des parties du corps humain.

C. A l'aide du dessin représentant Chantal Mignard, distinguez les différentes parties du corps et faites des phrases.

Exemple : *Chantal écrit avec la main droite.*

A vous

A. Regardez les photos de l'activité 8 et dites où les personnes ont mal. A l'aide des photos de la page 83, trouvez dans quel lieu elles peuvent se faire soigner.

B. Formez des groupes (quatre ou huit). Chaque groupe s'occupera d'un cas et écrira une fiche correspondant à son malade.

C. Dans un groupe, quelqu'un représentera le ou la malade, un autre, son accompagnateur (accompagnatrice), un autre ou d'autres ,le soignant (docteur, infirmière, pharmacien…). Règle du jeu : Le ou la malade et le soignant ne se parlent pas. La communication passe par l'accompagnateur.

Exemple : *J'ai mal …*
Qu'est-ce qu'il dit … ?
Il dit que …

---

8 Regardez et repérez

Faites correspondre les photos entre elles.

I   II   III   IV

A   B   C   D

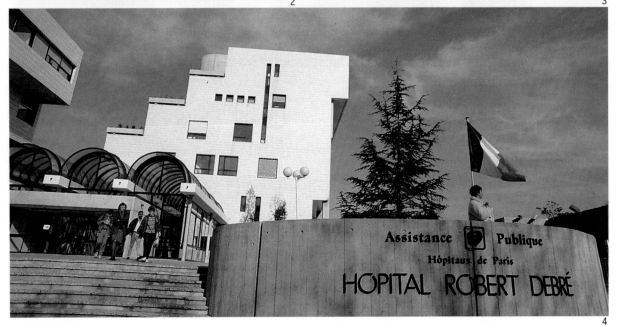

EN BREF : *Un pharmacien vend des médicaments et conseille les clients en cas d'affection simple.*
Un hôpital est un centre de soins public. Les soins et l'hébergement sont remboursés en partie par la Sécurité Sociale.
Une clinique privée est payante. Seule une partie des frais est remboursée par la Sécurité Sociale.

LEÇON 14

Contenus de la leçon

- Les possessifs
- Quelques pronoms personnels
- Les verbes pronominaux
- Présentation de la dernière voyelle nasale
- La famille et les liens de parenté
- Présenter sa famille

---

1 Ecoutez et répondez

A. Voilà des prénoms classés par ordre alphabétique. Classez ces prénoms en fonction des liens de parenté, à l'aide des informations que vous entendez.

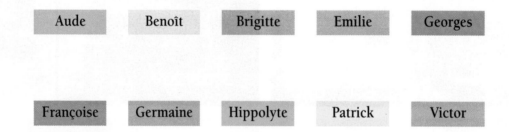

| Aude | Benoît | Brigitte | Emilie | Georges |

| Françoise | Germaine | Hippolyte | Patrick | Victor |

B. Répondez aux questions. Vous avez besoin des informations données dans « pour vous aider » ci-dessous.

- Comment s'appelle le mari de Françoise ?
- Comment s'appelle la grand-mère de Benoît ?
- Qui est la belle-sœur de Victor ?
- Comment s'appelle le frère d'Aude ?
- Qui est la tante de Benoît ?
- Qui est la femme de Georges ?
- Comment s'appelle le grand-père d'Aude ?
- Qui est le petit-fils d'Hippolyte ?
- Comment s'appelle l'oncle d'Aude ?

POUR VOUS AIDER :

Georges et Brigitte sont mariés. Ils ont un fils et une fille.
Leurs enfants s'appellent Aude et Benoît. Les parents de Georges s'appellent Germaine et Hippolyte.

À vous

A. Notez tous les liens de parenté découverts dans l'activité 1.
B. Prénom par prénom, présentez la personne en donnant ses liens de parenté avec les autres.

2   Lisez et réfléchissez

En parlant de Françoise, Georges dit à Brigitte :
ta sœur ; et à Benoît : **ta** tante.
En parlant de **ses** beaux-parents, Brigitte dit à
Georges : **tes** parents.
En parlant de Benoît et d'Aude, Victor dit à
Georges et à Brigitte : **vos** enfants.

■ *Classez*

Notez tous les possessifs que vous entendez
dans 1 ou lisez dans ces phrases et dans
« pour vous aider ».

■ *Complétez*

En observant bien les formes, déduisez les
possessifs manquants.

■ *Quelles sont vos conclusions ?*

■ *Vérifiez vos conclusions*

APPRENEZ		
	MASCULIN	FÉMININ
singulier	mon – ton	ma – ta
singulier	son	sa
singulier	notre – votre	
singulier	leur	
pluriel	mes – tes	
pluriel	ses	
pluriel	nos – vos	
pluriel	leurs	

Exemples :
C'est mon grand-père / ma grand-mère,
c'est ton père / ta mère,
c'est son frère / sa sœur,
c'est notre oncle / notre tante,
ce sont nos neveux / nos nièces,
ce sont vos fils / vos filles,
ce sont leurs petits-fils / leurs petites-filles,
c'est leur cousin / leur cousine.

3   Entraînez-vous

Conjuguez, à tour de rôle, le verbe «vouloir» au
présent, à la forme affirmative ; puis, à la forme
négative.

■ *Répondez*

• Pouvez-vous imaginer la conjugaison du verbe
«pouvoir» au présent ?
Exemple : *Oui, je peux…*

POUR VOUS AIDER : Il existe, comme vous
pouvez le constater, une autre forme
interrogative : l'inversion du verbe et du pronom
(pouvez-vous ? – veux-tu ? puis-je ?)

APPRENEZ	
verbe **POUVOIR** au présent	
je	peux
tu	peux
il – elle – on	peut
nous	pouvons
vous	pouvez
ils – elles	peuvent

A vous

A. Aidez-vous des prénoms de la famille vue dans l'activité 1, dans l'ordre alphabétique. Chacun choisit un prénom et se présente à la place du personnage, en indiquant ses liens de parenté avec tous les autres. Après le dixième prénom, continuez en recommençant avec le premier.

B. Formez des groupes de deux : mari et femme ou frère et sœur. A deux, vous présentez à tour de rôle tous les autres.

POUR VOUS AIDER : pour un possesseur (mon, ma, mes, ton, ta, tes, son, sa, ses) – pour plusieurs (notre, nos, votre, vos, leur, leurs).

---

4   Ecoutez les sons

■ *Ecoutez*

Repérez et précisez dans quel ordre vous entendez ces mots :
cuisine – cousin – cousine – pain – lapin – copain – copine

■ *Ecoutez et répétez*

Répétez le refrain.
Ecoutez de nouveau et répétez uniquement le refrain.

■ *Ecoutez et écrivez : dictée*

---

5   Entraînez-vous

A. Conjuguez à tour de rôle, le verbe « pouvoir » aux formes affirmative et négative.

B. A tour de rôle, faites des phrases interrogatives avec les verbes « vouloir » et « pouvoir », n'oubliez pas que vous pouvez utiliser l'inversion pour les deuxièmes personnes.

---

6   Ecoutez, regardez et repérez

A. Vous connaissez les pronoms «je» et «tu». Dans la BD, trouvez des formes différentes qui représentent aussi «je» et «tu»
Exemple : *moi…*

B. Faites deux listes avec les formes placées avant le verbe et après le verbe.

C. Les formes repérées dans la liste «après le verbe» peuvent aussi se trouver après autre chose qu'un verbe. Notez ces formes dans une troisième liste.

D. Notez aussi les formes «nous» et «elles» dans cette troisième liste.

E. Classez toutes les formes de la deuxième et troisième liste dans l'ordre des personnes et imaginez les formes qui manquent.
POUR VOUS AIDER : il = lui – ils = eux

■ *Continuez*
Chez moi, pour moi, chez toi, pour toi …

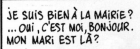

Entraînez-vous

A tour de rôle, conjuguez les verbes «partir», «dormir» et «aller» au futur.

A vous

A. Imaginez une famille. Vous pouvez vous inspirer des portraits présentés ici.

B. Présentez votre famille imaginaire aux autres au moyen de devinettes sur le modèle : «Si Georges est le mari de Brigitte et le père d'Aude et de Benoît, qui est la sœur de Benoît et qui est la mère d'Aude ? »

C. A chaque fois, quelqu'un reconstitue au tableau les liens de parenté des familles présentées.

D. Apportez, si vous le souhaitez, des portraits de votre vraie famille, pour la présenter (photos de mariage ou autre).

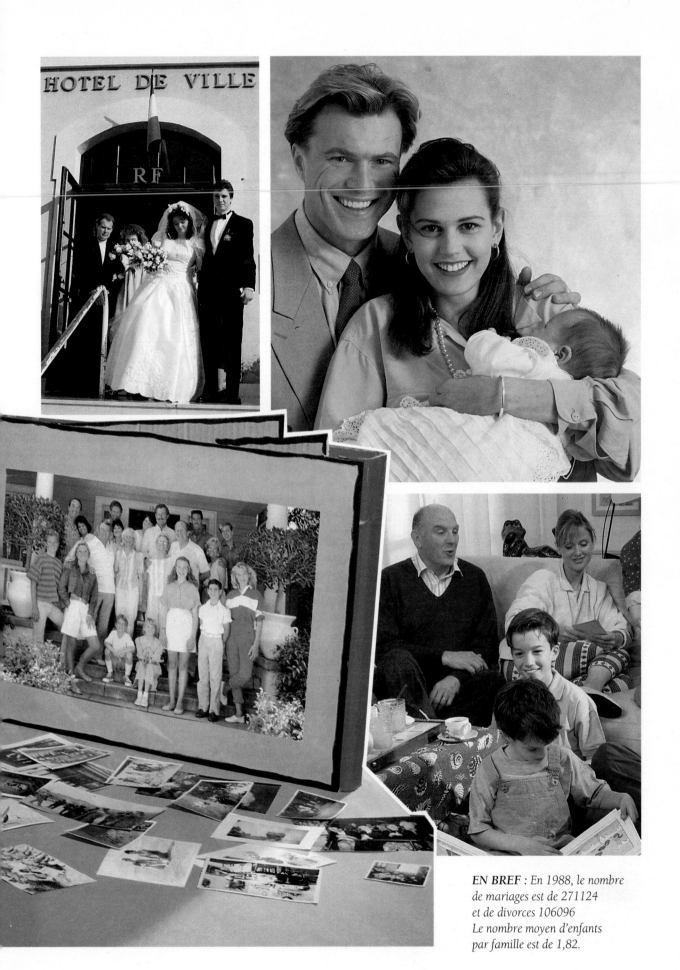

EN BREF : *En 1988, le nombre de mariages est de 271124 et de divorces 106096 Le nombre moyen d'enfants par famille est de 1,82.*

LEÇON 15

Evaluation

- L'emploi des déterminants et l'expression de l'identité
- Rapporter ce qu'on dit et ce qu'on voit
- Présentation du conditionnel
- Descriptions de la personne
- Le ski et la montagne
- Fêtes et coutumes de la fin de l'hiver

1 Ecoutez et distinguez

A. Dans cette chronique sportive radiophonique, quatorze verbes sont utilisés. Ecoutez, et repérez ces verbes puis essayez de comprendre leur sens d'après la situation.

Voici les quatorze verbes dans l'ordre alphabétique, à vous de leur donner un numéro d'ordre dans le document (certains se répètent) : aller – approcher – dépasser – dérouler – détacher – dire – élever – être – jouer – pencher – perdre – pouvoir – rendre – voir.

B. Faites deux listes des verbes conjugués. Une liste correspondra aux verbes précédés de «se» ou de «s'».

C. Ecoutez encore et séparez les verbes conjugués au présent.

D. Observez les formes qui ne sont pas au présent : pourrons – dirais – dirait – pourra – verra – pourrait – sera

- A quels infinitifs correspondent-elles ?
- A quelles personnes correspondent-elles ?
- Il y a des formes au futur
et des formes au conditionnel.
Pouvez-vous les distinguer ?

■ Classez

Conjuguez ces quatre verbes au futur et au conditionnel.
- Pouvez-vous déduire les formes et les personnes qui manquent ?

POUR VOUS AIDER :

FUTUR	CONDITIONNEL
tu…as	tu…ais
ils…ont	ils…aient
nous…ons	nous…ions
vous…ez	vous…iez

2 Entraînez-vous

A tour de rôle, conjuguez avec « je – tu… » :
« partir… » au futur, « pouvoir… » au conditionnel.

Décrivez les actions d'Agnès, avant son petit déjeuner.

Utilisez les verbes : se réveiller, se lever, se laver, s'habiller, se coiffer, se maquiller.

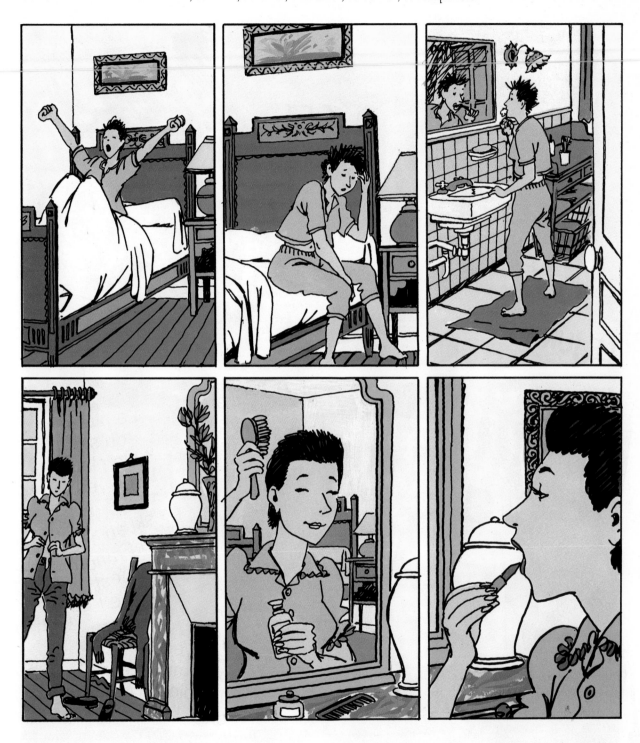

■ *Parlez*

• Que faites-vous le matin ?

• Quelles pièces de la maison et quels objets voyez-vous dans les illustrations ?

■ *Ecrivez*

Faites une description des actions et mouvements d'Agnès (dire où elle est, où elle va, comment sont ces lieux, ce qu'elle fait).

Regardez, lisez et repérez

Faites correspondre les slogans publicitaires des stations de ski et les photos. Puis retrouvez ces montagnes sur la carte de France, page 56.

A vous

A l'aide des photos, créez des affiches publicitaires pour les vacances d'été à la montagne.

EN BREF : *En France il y a cinq massifs montagneux importants : les Alpes, les Pyrénées, le Jura, les Vosges et le Massif central. (voir la carte, page 56)*

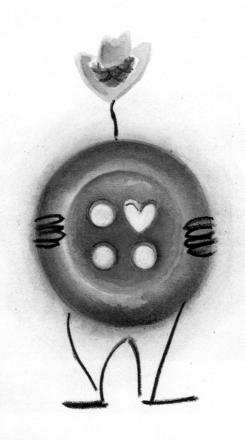

> L'autobus
> plein
> le cœur
> vide
> le cou
> long
> le ruban
> tressé
> les pieds
> plats
> plats et aplatis
> la place
> vide
> et l'inattendue rencontre près de la gare
> aux mille feux éteints
> de ce cœur, de ce cou, de ce ruban, de ces pieds,
> de cette place vide,
> et de ce bouton.
>
> «Vers libres», in *Exercices de style*, R. Queneau, Gallimard, 1947

5 Lisez et modifiez

Le 14 février, jour de la Saint-Valentin, c'est la fête. Parfois les amoureux s'envoient des cartes.
Voici deux exemples.
Amusez-vous à écrire d'autres cartes.

Mon cœur est à toi
Ton cœur est à moi
Nos cœurs sont à nous
Et à nous seuls
(...je l'espère...)

De moi à toi,
pour nous !

Choisissez la bonne réponse, en écoutant «Etoile des neiges», chanson traditionnelle.

• La chanson parle de …
la plage – la campagne – la montagne

• Le berger qui chante son amour
dans le calme du soir est …
basque – savoyard – catalan

• La bergère a …
un doux regard – un doux sourire –
une voix douce

• Le piège pour le cœur amoureux du berger …
les cheveux – la bouche – les yeux de la bergère

• La bergère s'inquiète de …
ses amis – ses parents – ses moutons

• Ils n'ont pas …
de temps – d'argent – d'amour

• Ils voudraient se marier …
en hiver – au printemps – en automne

• Le ciel protège …
la montagne – les bergers – les amoureux

• Le berger part …
faire du ski – garder ses moutons – en voyage

A vous

Regardez ces photos. Elles représentent les ingrédients et les opérations essentielles pour faire des crêpes.
En France, en février, le mardi gras est le dernier jour du Carnaval.
Ce jour-là, on fait des crêpes. Identifiez les ingrédients et leurs quantités, et imaginez la recette. Bon appétit!

LEÇON 16

Révision

- Détermination et définition de l'identité
- La localisation dans l'espace
- Les animaux, les arbres et les fleurs
- La ville ou la campagne
- Décrire et dire ce qu'on préfère

---

 1 Ecoutez les sons 🎼 📼

■ *Ecoutez*
Ecoutez ce poème d'Apollinaire.

■ *Répétez*
Reproduisez les sons exactement
comme vous les entendez.
Répétez les extraits du poème.

■ *Lisez et répétez*
Lisez vers par vers.
Lisez à haute voix le poème en entier.

Flambe flambe ma main ô flamme qui m'éclaire
Ma main illuminant les astres à tâtons
Mon bras fond sous ma main qui allume ma chair
Le soleil
De montagne en montagne joue à saute-mouton

Guillaume Apollinaire, « Flamme… »
in Le Guetteur mélancolique, Gallimard, 1952

■ *Ecoutez et écrivez : dictée*

---

2 Ecoutez, regardez et repérez 📓BD 📼

Dans la BD, trouvez les verbes conjugués au futur
et au conditionnel.
- Quel est l'infinitif de ces verbes ?

■ *Répondez*
- Xavier tient quelque chose. Qu'est-ce que c'est ?
- Est-ce que Barbara tient quelque chose ?
- Combien d'appartements veulent-ils visiter
dans la matinée ?

- Ces appartements sont-ils dans des quartiers
différents ?
- De quoi Xavier parle-t-il dans la rue ?
- Est-ce que Barbara aime la banlieue ?
- Quelle est l'adresse du premier appartement
qu'ils vont visiter ?
- Est-ce que Xavier est fâché de ne pas rencontrer
le propriétaire ? Pourquoi ?

---

3 Lisez et repérez

Regardez les petites annonces immobilières de la page 97.
- Quelle petite annonce correspond à l'appartement que Xavier et Barbara vont visiter en premier ?

C'EST CHER, MA CHÈRE !

6ᵉᵐᵉ **ar.** Appartement grand standing. A visiter. Voir concierge.

20ᵉᵐᵉ **ar.** Propriétaire loue directement, dans HLM, P3 tout confort.

6ᵉᵐᵉ **ar.** Idéal pour jeune couple, deux pièces dans immeuble pierre de taille. Actuels locataires obligés de partir.

Ivry. Immeuble neuf avec ascenseur. Deux, trois et quatre pièces en location ou en vente.

Yvelines. Calme et pleine de soleil, maison de plain-pied avec jardinet.

97

A vous

Formez cinq groupes. Chaque groupe prépare la visite des logements correspondant aux cinq petites annonces immobilières de l'activité 3.
Imaginez l'intérieur et l'extérieur des lieux.
Jouez la scène : Xavier, Barbara et quelqu'un qui fait visiter.
N'oubliez pas les réactions des deux jeunes gens.

4 Ecoutez, regardez et distinguez

Trouvez l'illustration qui représente chaque mot que vous entendez.

■ Ecrivez

Etablissez trois listes :
les plantes, les animaux, autres …

> Je suis la rose
> Fraîche et mi-close
> Je me marie
> Je suis flétrie
>
> Je suis un lys
> Vienne mon fils
> La blanche fleur
> Penche et se meurt.
>
> Guillaume Apollinaire, « Chanson »
> in *Le Guetteur mélancolique*,
> Gallimard, 1952

A vous

A. Cherchez dans le dictionnaire des noms d'arbres, d'animaux et de fleurs.
Ecrivez ces noms sur des petits papiers.

B. Formez des groupes.

Chaque groupe divise une page en neuf cases et écrit dans chaque case un nom d'animal, d'arbre ou de fleur.

C. Et maintenant, jouez au loto !

5 Lisez et complétez

A. Avec des démonstratifs ou des possessifs.

> … animal est un chien. … oreilles sont levées parce qu'il entend … maître.
> … fleur est une rose. Quand … couleur est rouge, elle est symbole d'amour.
> … jardins sont très bien soignés. … plantes et … gazon sont arrosés tous les jours.

B. Avec des pronoms.

> … partirai avec … parce que … aimes la campagne comme …. …, … resteront à la maison et … reposeront.

C. Avec des adjectifs.

> J'aime les … villes parce qu'il y a beaucoup de lieux …. A Paris, par exemple, il y a des églises … et des monuments…. Je trouve que les rues sont … et les jardins …

D. Avec des formes verbales.

> Le matin, quand on se …, la première chose qu'on … c'… un café bien chaud. Puis on se … et on se … pour …. Après on … au travail parce que c'… nécessaire pour … de l'argent.

Vous écouterez cette chanson française des années trente plusieurs fois, avec un nouvel objectif à chaque écoute.

A. Est-ce que vous entendez les mots «jour» et «semaine» ?
Notez les jours de la semaine que vous entendez.

B. Dans la semaine, à quelle heure rencontre-t-on la boulangère ?

C. Il y a deux couleurs, deux noms d'animal, deux noms de plante, deux noms de lieu.
Retrouvez ces noms dans la liste :
radis – chien – fleurs – bleu – vert – oiseaux
Avez-vous trouvé les noms de lieu ?

D. Observez cette liste d'adjectifs et d'adverbes :
quotidien – vivement – brusquement –
charmant – beau – au bord – au loin – plein –
pas cher – noyé – beaux
Essayez de les repérer en écoutant la chanson.

> Quand on se promène au bord de l'eau
> Comme tout est beau, quel renouveau
> Paris au loin nous semble une prison
> On a le cœur plein de chansons
> L'odeur des fleurs nous met tout à l'envers
> Et le bonheur nous soûle pour pas cher
> Chagrins et peines de la semaine
> Tout est noyé dans le bleu dans le vert
> Un seul dimanche au bord de l'eau
> Au trémolo des petits oiseaux
> Suffit pour que tous les jours semblent beaux
> Quand on se promène au bord de l'eau !

de J. Duvivier et M. Yvain, Ed. Joubert,
Cie EMI, 1936 *in La belle équipe.*

POUR VOUS AIDER :

Il y a des verbes que vous pouvez reconnaître :
se promener – être – avoir – faire – mettre – gagner

Il y a des verbes nouveaux :
sembler – paraître – suffire

Il y a aussi des expressions et de l'argot :
– gagner des radis = gagner très peu d'argent
– faire son boulot = travailler
– trimbaler sa vie de chien = promener une vie misérable
– filer à … = partir à …
– mettre tout à l'envers, noyer = enivrer, soûler (comme l'alcool)

E. Ecoutez une dernière fois, en essayant de comprendre le sens général et établissez deux listes : l'une avec le positif, l'autre avec le négatif.
Exemple : *Chagrins et peines / bonheur*

■ *Continuez …*

■ *Ecrivez*

Dans un court texte (quatre ou cinq lignes) vous opposerez la semaine de travail aux promenades du dimanche.

À vous

A. Divisez le groupe en deux : un groupe est pour la ville et l'autre groupe est pour la nature.
Le premier groupe prépare des visites guidées de la ville et des appartements en ville, avec plans et itinéraires (trouvez des éléments dans les leçons 4, 6, 7, 10 et 11).

Le deuxième groupe prépare des promenades à la campagne, avec éventuellement des visites de village (trouvez des éléments dans les leçons 2, 6, 9, 12 et 15).
Vous pouvez enrichir votre préparation en ajoutant des visites dans votre pays.

B. Chaque groupe jouera les scènes préparées, avec documents à l'appui.

C. Organisez un débat : pour ou contre la ville, pour ou contre la campagne.

POUR VOUS AIDER :
j'aime… – j'adore … – je préfère … –
parce que … – je suis d'accord … –
je ne suis pas d'accord … – c'est vrai, mais … –
au contraire … – je crois que … –
il me semble que …

LEÇON 17

Contenus de la leçon

- L'expression de l'obligation
- L'expression de la quantité
- L'expression de la fréquence
- Introduction aux temps du passé
- Les loisirs et les sorties
- Donner des instructions
- Décrire un état passé

---

1 Ecoutez, regardez et repérez 📼

Faites correspondre les panneaux d'interdiction ou d'instructions aux ordres enregistrés.

Pour entrer à l'exposition, il faut suivre les indications ➡️

Il faut remplir la fiche de renseignements

Il est interdit de fumer dans cette salle

INTERDIT DE STATIONNER

Il ne faut pas donner à manger aux bêtes

---

2 Ecoutez, lisez et répondez 📼

A. • Qui donne des ordres : un homme ou une femme ?
• A qui s'adressent ces ordres ?

B. Faites correspondre ces ordres avec les descriptions suivantes.

Elle lui dit de ne pas donner à manger aux bêtes.
Il leur demande de remplir la fiche de renseignements.
Elle lui dit de suivre les indications.
Il lui dit de ne pas stationner là.
Elle leur demande de ne pas fumer.

■ *Réfléchissez*

Observez les phrases de B et répondez.
• Quels pronoms représentent les personnes qui donnent des ordres ?
• Quels pronoms représentent les personnes qui reçoivent des ordres ?

■ *Vérifiez vos conclusions*

APPRENEZ		
je – tu – il – elle – nous – vous – ils disent, ils parlent, ils demandent…		
à …		
Une personne : masculin et féminin singulier		lui
Plusieurs personnes : masculin et féminin pluriel		leur

Exemples :
Il lui dit qu'il fait chaud.
Elle leur demande de partir.

3 Regardez et repérez

Notez les interdictions et les conseils écrits que vous trouvez sur les photos.

1   2   3

4   5   6

À vous

A. Imaginez pour chaque panneau une scène
à deux ou trois où les conseils, instructions
ou ordres sont donnés oralement.

POUR VOUS AIDER :

• Il faut… – il ne faut pas…+ *verbes à l'infinitif.*
• Fais…–faites…
ne fais pas… – ne faites pas…

• Il lui dit de ….–Elle leur demande de…
+ *verbes à l'infinitif*
• Pardon ?– Comment ?– Qu'est-ce que tu
dis – Qu'est-ce que vous dites ?

B. Une personne rapporte chaque scène.

Edouard se lève tous les jours à sept heures du matin pour aller travailler. Maintenant, il est six heures. Il dort. Avant de sortir, il cherche ses clés dans tous les lieux possibles de sa maison. Le dimanche, lui et Christine, quand ils peuvent, ils vont au cinéma. Après le cinéma, s'ils ont de l'argent, ils mangent au restaurant.

■ *Vrai ou faux ?*

Edouard se lève quelquefois à sept heures du matin.
Edouard se lève toujours à sept heures du matin.
Edouard et Christine vont toujours au cinéma.
Edouard et Christine vont parfois au cinéma.
Edouard et Christine ne vont jamais au cinéma.
Quelquefois Edouard emmène Christine au restaurant.
Christine emmène toujours Edouard au restaurant.
A six heures du matin Edouard dort encore.
A sept heures du matin Edouard dort encore.

A sept heures du matin Edouard ne dort plus.
Avant de sortir, Edouard cherche ses clés partout.
Edouard ne cherche ses clés nulle part.

■ *Remplacez ou complétez*

Ecrivez un deuxième texte, en employant « toujours », « partout », « parfois », « encore ».

■ *Modifiez*

Ecrivez un autre texte en disant tout le contraire. Employez « ne … jamais », « ne … plus » et « ne…nulle part ».

Il faut répondre « Non, …» à toutes les questions.

■ *Ecrivez*

Notez toutes vos réponses.

■ *Réfléchissez*

A partir des questions et de vos réponses, établissez deux listes :
- d'un côté le deuxième terme de la négation,
- de l'autre le terme affirmatif correspondant.

■ *Vérifiez vos conclusions*

■ *Entraînez-vous*

A tour de rôle, très rapidement, quelqu'un pose une question, le suivant répond.
Il ne faut pas que les questions qui se suivent portent sur la même chose.

APPRENEZ		
LA NÉGATION PORTE SUR…	QUESTION POSSIBLE	TERMES NÉGATIFS
une phrase complète	… ?	ne … pas
un objet, une chose	quelque chose	ne … rien
	tout, un / une…	ne … aucun
		ne … aucune
une personne	quelqu'un	ne … personne
le temps	toujours /parfois	ne … jamais
	encore	ne … plus
le lieu	partout	ne … nulle part
	quelque part	

Exemples :
- *Tu vois quelqu'un ?*
- *Non, je ne vois personne.*
- *Est-ce que tu as cherché partout ?*
- *Non, je n'ai cherché nulle part.*

6   Ecoutez les sons 🎼 📼

■ *Ecoutez*

Répétez et précisez dans quel ordre vous entendez les mots :

aventure – amour – torture – tourment – serpent – brute

■ *Ecoutez et répétez*

Répétez le refrain.
Ecoutez de nouveau et répétez uniquement le refrain.

■ *Ecoutez et écrivez : dictée*

---

7   Ecoutez et repérez 📼

• Où sont les personnes qui parlent ?

ON N'EST PAS LÀ POUR COMPRENDRE

RACONTEZ NOUS LES FAITS ENCORE UNE FOIS.

C'ÉTAIT DIMANCHE DERNIER. IL N'Y AVAIT PERSONNE À LA MAISON, JE NE TRAVAILLAIS PAS, ET J'AVAIS ENVIE DE FAIRE UNE PROMENADE.

UNE PROMENADE OÙ?

JE NE SAIS PAS, MOI, QUELQUE PART, N'IMPORTE OÙ. J'AVAIS ENVIE DE PRENDRE L'AIR.

BON. OÙ ÉTIONS-NOUS? VOUS MARCHIEZ DANS LA RUE ...

OUI, JE MARCHAIS ET, TOUT À COUP, CET HOMME QUI PASSAIT PAR LÀ A REGARDÉ DE MON CÔTÉ.

IL A MARCHÉ VERS MOI, VOUS COMPRENEZ. JE PENSAIS QU'IL VOULAIT ME PARLER.

VOUS A-T-IL PARLÉ?

MAIS NON! BRUSQUEMENT, IL M'A ARRACHÉ MON SAC ET PUIS ... PLUS RIEN.

COMMENT, PLUS RIEN? VOUS NE LUI AVEZ PAS PARLÉ?

NON. JE NE LUI AI PAS PARLÉ.

J'AI REGARDÉ DE TOUS LES CÔTÉS ET IL N'Y AVAIT PLUS PERSONNE.

ET IL EST À QUI CE SAC À MAIN?

À MOI, BIEN SÛR!

ALORS, CET HOMME VOUS A VOLÉ VOTRE SAC OU PAS?

OUI, MAIS CE N'EST PAS LE MÊME SAC, COMME VOUS POUVEZ COMPRENDRE...

AH, NOUS, ON N'EST PAS LÀ POUR COMPRENDRE. JE PRENDS SIMPLEMENT VOTRE DÉPOSITION, UN POINT, C'EST TOUT.

Ecoutez, regardez et repérez ⟨BD⟩ 📼

A. Notez, dans deux listes différentes :
- d'abord les formes des verbes « avoir », « être », « marcher », « passer », « penser »,
- puis les formes des verbes « regarder », « parler », « arracher », « voler ».

B. Répondez
• Est-ce qu'il y a une forme du verbe «marcher» qui fait partie aussi de la deuxième liste ? Pourquoi ?
• Quelle différence fondamentale constatez vous entre la première et la deuxième liste ?
• Quelles différences constatez-vous entre toutes ces formes et les formes du présent que vous connaissez ?
• Est-ce que vous reconnaissez, dans la deuxième liste, les formes du verbe « avoir » au présent ?

■ *Vérifiez vos conclusions*

APPRENEZ
TEMPS DU PASSÉ

IMPARFAIT			PASSÉ COMPOSÉ
AVOIR	ETRE	MARCHER	REGARDER
j'avais	j'étais	je marchais	j'ai regardé
tu avais	tu étais	tu marchais	tu as regardé
il avait	il était	il marchait	il a regardé
nous avions	nous étions	nous marchions	nous avons regardé
vous aviez	vous étiez	vous marchiez	vous avez regardé
ils avaient	ils étaient	ils marchaient	ils ont regardé

Exemples :
Je marchais dans la rue.
Il a marché vers moi et il m'a arraché mon sac.

Procès-Verbal

Cet individu était seul.
Il marchait comme un fou
il parlait aux pavés
souriait aux fenêtres
pleurait en dedans de lui-même
et sans répondre aux questions
il se heurtait aux gens, semblait ne pas les voir.

Nous l'avons arrêté.

Jean Tardieu, in **Histoires obscures**, Gallimard, 1961.

Entraînez-vous

A. A tour de rôle, très rapidement, faites des phrases en changeant les personnes à partir de ces deux modèles :
J'avais mal aux jambes, je marchais mal, alors j'ai appelé le médecin.

J'étais dans ma chambre, tout à coup, j'ai regardé par la fenêtre...

B. Essayez d'imaginer d'autres situations où vous pourriez faire des phrases semblables.

LEÇON 18

Contenus de la leçon

- Etude de la comparaison
- Etats et actions présents et passés
- Etude de deux nouvelles consonnes
- Les transports urbains
- Faire des comparaisons
- Décrire des états et des actions passés

---

1 Ecoutez et repérez 📼

A l'aide des photos, dites dans quel endroit on peut entendre ces cinq enregistrements.

1

2

> L'égaré demande son chemin, l'affolé demande l'heure, la minute ou l'année, le mendiant l'aumône, le condamné grâce. Certains ne demandent rien.
>
> Jacques Prévert, «Graffiti»,
> in *Choses et autres*, Gallimard, 1972.

A. Ecoutez de nouveau les enregistrements de l'activité 1 et dites comment les uns et les autres se déplacent :
en voiture – en train – en avion – en métro – en autobus

B. Ecoutez encore et dites si les affirmations suivantes sont vraies ou fausses :

- L'homme à l'arrêt du bus est plus aimable que le jeune homme de la station service.

- Suzanne, à la gare, est moins aimable qu'Agnès sur le quai du métro.

- L'employé des chemins de fer est plus aimable que l'employée de l'aéroport.

- Christine, en ville, est aussi aimable que Christophe sur l'autoroute.

- La dame du métro est la plus aimable.

■ *Modifiez*

Transformez les affirmations fausses en affirmations vraies.

Exemple :
L'homme de l'arrêt du bus est moins aimable que le jeune homme de la station service.

■ *Observez*

Lisez toutes les affirmations et notez comment on exprime la comparaison.

■ *Quelles sont vos conclusions ?*

EN BREF : *En France, la vitesse est limitée à 130 km/h sur les autoroutes, à 90 km/h sur les routes et 50 km/h dans les agglomérations. Dans le métro à Paris, on peut faire tous les trajets avec un seul ticket à condition de ne pas sortir.*

■ *Vérifiez vos conclusions*

APPRENEZ		
POUR COMPARER		
DEUX ÉLÉMENTS	UN ÉLÉMENT	
	(les autres restent implicites)	
plus ... que ...	le / la / les plus ...	
aussi ... que ...		
moins ... que ...	le / la / les moins ...	

Exemples :
Elle est plus *aimable que lui.*
Elle est aussi *aimable que lui.*
Elle est moins *aimable que lui.*
C'est la plus *aimable de toutes.*

■ *Ecoutez et parlez*

Vous allez écouter de nouveau les enregistrements de l'activité 1. Après chaque écoute, racontez la situation en utilisant «demander si …», «demander où …», «demander quand …», «répondre que …», «dire que …», «dire de …»

3　　Lisez et réfléchissez

Le samedi matin, quand il faisait beau,
Emile allait se promener dans les bois.
Il disait alors à sa femme : « Je vais
me promener pendant deux heures ».
Et, finalement, il se promenait toute la matinée.

A. Notez les formes des verbes « aller », « faire » et « dire ».
B. Vous connaissez déjà les terminaisons de l'imparfait. A partir des formes notées, écrivez la conjugaison complète des trois verbes.

4　　Entraînez-vous

A tour de rôle, conjuguez très rapidement l'imparfait des verbes «être», «avoir», «se promener», «aller», «faire» et «dire», en alternant les personnes et les formes affirmative et négative.
Exemples : *J'étais – tu n'avais pas – est-ce qu'il se promenait…*

5　　Ecoutez les sons 𝄞 ▭

■ *Ecoutez*

Repérez les mots et précisez dans quel ordre vous les entendez :
saison – seize – cousin – coussin – cerise –
garçon – maçon – prison – zoo – zénith

■ *Ecoutez et répétez*

Répétez le refrain.
Ecoutez de nouveau et répétez uniquement le refrain.

■ *Ecoutez et écrivez : dictée*

Regardez les illustrations qui décrivaient le réveil et la toilette d'Agnès le jour où elle était chez ses parents. Regardez aussi la page 91.

A. Notez, à l'infinitif, les verbes qui décrivent les actions d'Agnès.

• Est-ce que vous avez pensé à écrire le pronom «se» ou «s'» devant tous les infinitifs ?

• Quelle est la terminaison de tous ces infinitifs ?

B. N'oubliez pas que le passé composé est formé d'un verbe auxiliaire au présent et d'une forme qu'on appelle participe passé.

Ecrivez les participes passés qui correspondent aux infinïtifs notés en commençant par «se réveiller = réveillé».

■ *Continuez …*

■ *Parlez*

A. Décrivez oralement les actions d'Agnès ce jour-là en utilisant le passé composé.

POUR VOUS AIDER :

Au passé composé, les verbes précédés du pronom «se» (verbes pronominaux) se conjuguent avec le présent de l'auxiliaire «être».

B. Décrivez oralement, image par image, les lieux et les objets en utilisant l'imparfait.

«Elle était dans sa chambre. La chambre était… Il y avait… »

■ *Ecrivez*

A. Ecrivez maintenant les actions d'Agnès, sous forme de liste, au passé composé.

Exemple : *Elle s'est réveillée…*

POUR VOUS AIDER :

Accordez bien vos participes passés :

Elle s'est réveillée – Il s'est réveillé

Ils se sont réveillés – Elles se sont réveillées

Emile et Marguerite se sont réveillés.

B. Ecrivez un texte décrivant l'état des lieux et les actions d'Agnès.

«Ce jour-là, Agnès dormait dans sa chambre. Cette chambre …»

■ *Réfléchissez*

Quel temps avez-vous employé pour décrire l'état des lieux ?

■ *Quelles sont vos conclusions ?*

A vous

A. Formez cinq groupes. Chaque groupe prépare la matinée d'un ou de plusieurs personnages différents (un homme, une femme, deux frères, deux sœurs, un couple).
Imaginez les lieux et les actions.

B. Chaque groupe écrit un texte.

C. Chaque groupe présente oralement ses personnages.

---

7 Lisez et repérez

Itinérants

Il était très tard et très tôt, le métro roulait vers la porte de la Chapelle. Il n'y avait personne sauf deux et la première personne parlait à la seconde d'une troisième personne qui était, à l'entendre, un oiseau. Elles descendirent à la Trinité et sur le quai, sans la saluer, croisèrent une autre personne qui avait une queue et des cornes et devait descendre à la Fourche.

Jacques Prévert, *Fatras*, Gallimard, 1966.

■ *Répondez*

• De quel moyen de transport parle-t-on dans chaque texte ?
• Combien de personnes sont citées dans chaque texte ?
• Quels noms de lieux sont cités ?

■ *Trouvez*

Regardez ce plan de métro parisien et cherchez les stations citées dans le texte de Prévert et la station de métro qui correspond à la gare citée dans le texte de Queneau.

Passé indéfini

Je suis monté dans l'autobus de la porte Champerret. Il y avait beaucoup de monde, des jeunes, des vieux, des femmes, des militaires. J'ai payé ma place et puis j'ai regardé autour de moi. Ce n'était pas très intéressant. J'ai quand même fini par remarquer un jeune homme dont j'ai trouvé le cou trop long. J'ai examiné son chapeau et je me suis aperçu qu'au lieu d'un ruban il y avait un galon tressé. Chaque fois qu'un nouveau voyageur est monté il y a eu de la bousculade. Je n'ai rien dit mais le jeune homme au long cou a tout de même interpellé son voisin. Je n'ai pas entendu ce qu'il lui a dit, mais ils se sont regardés d'un sale œil. Alors le jeune homme au long cou est allé s'asseoir précipitamment.
En revenant de la porte Champerret, je suis passé devant la gare Saint-Lazare. J'ai vu mon type qui discutait avec un copain. Celui-ci a désigné du doigt un bouton juste au-dessus de l'échancrure du pardessus. Puis l'autobus m'a emmené et je ne les ai plus vus. J'étais assis et je n'ai pensé à rien.

Raymond Queneau in *Exercices de style*, Gallimard, 1982

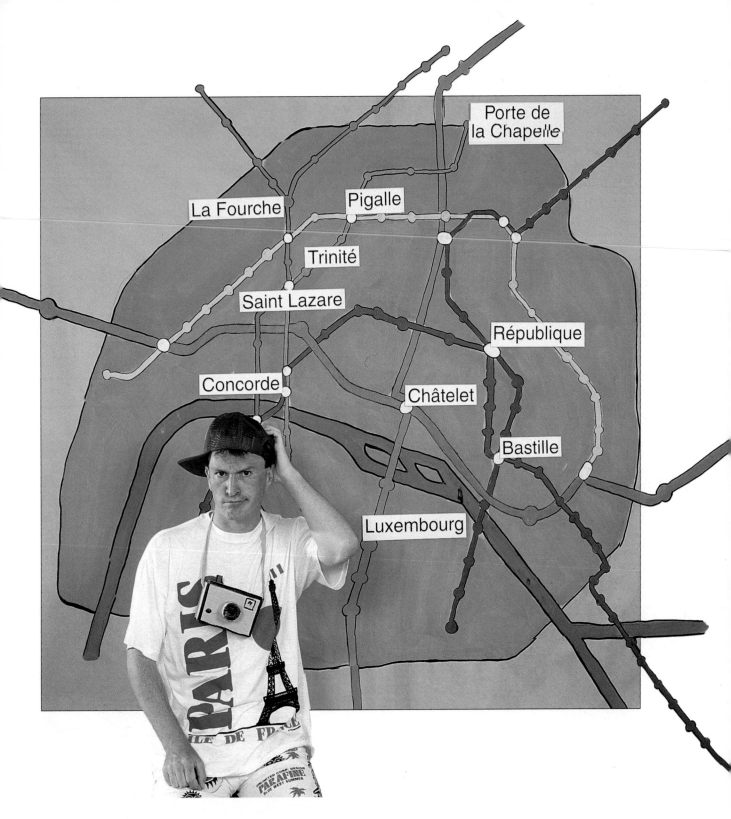

A vous

A. Citez à tour de rôle, un lieu, un monument, une gare, un arrondissement de Paris.
Notez les lieux cités et complétez votre liste en consultant les leçons 8 et 11.

B. Préparez des itinéraires pour aller d'un lieu à l'autre en prenant le métro.

C. Formez des groupes de deux ou trois. Chaque groupe choisit un itinéraire et joue la scène de la personne qui est perdue dans le métro et qui demande son chemin à un voyageur.

LEÇON 19

Contenus de la leçon

- Valeur des temps du passé
- Révision de la localisation dans le temps
- Une conjugaison un peu particulière
- Présentation des deux derniers sons (consonnes)
- Le système éducatif et les services publics
- Décrire les lieux et les actions, à l'oral et par écrit

1 — Ecoutez, regardez et repérez

■ Classez

A. Notez toutes les formes verbales.

B. Classez ces formes selon qu'elles sont :
à l'infinitif, à l'impératif, au présent, à l'imparfait,
au passé composé.

• Il y a combien de formes dans chaque
catégorie ?

C. Notez à part les verbes «finir», «grossir»
et «rougir».

2 — Lisez et réfléchissez

Observez les formes conjuguées des verbes.

Il grossissait de plus en plus.
Au fur et à mesure qu'il grossissait
la peau de son visage rougissait.
Il finissait par être monstrueux.
Et elle aussi, si elle grossit comme lui,
elle finira de la même manière.

• Avez-vous repéré le participe passé ?
• Quel auxiliaire emploie-t-on ?

■ Réfléchissez

• Quelle est la particularité de ce type
de conjugaison ?

POUR VOUS AIDER :
Très peu de verbes appartiennent
à cette conjugaison.

■ Vérifiez vos conclusions

■ Ecrivez

A l'aide de toutes vos observations, essayez
de deviner la conjugaison du verbe «finir»
à l'impératif, au présent, à l'imparfait
et au passé composé («grossir» et «rougir» ont la
même conjugaison).

APPRENEZ

verbe FINIR

PRÉSENT		IMPÉRATIF	IMPARFAIT		PASSÉ COMPOSÉ	
je	finis		je	finissais	j'ai	fini
tu	finis	finis !	tu	finissais	tu	as fini
il—elle	finit		il—elle	finissait	il-elle	a fini
nous	finissons	finissons !	nous	finissions	nous	avons fini
vous	finissez	finissez !	vous	finissiez	vous	avez fini
ils—elles	finissent		ils—elles	finissaient	ils-elles	ont fini

FUTUR		CONDITIONNEL	
je	finirai	je	finirais
tu	finiras	tu	finirais
il—elle	finira	il—elle	finirait
nous	finirons	nous	finirions
vous	finirez	vous	finiriez
ils—elles	finiront	ils—elles	finiraient

3   Ecoutez les sons 🎼 📼

◼ *Ecoutez*
Repérez les actions de la personne,
ses achats et les lieux correspondant aux achats.

◼ *Ecoutez et répétez*
Chaque jour je change de chemise
et je change de chaussettes chaque jour.

◼ *Ecoutez et écrivez : dictée*

«
– Il était une fois …
– Pas plus ?

J.C. Valin, L'humour des poètes,
Le Cherche midi éditeur, 1981
 »

4   Ecoutez et distinguez 📼

Notez tous les verbes au fur et à mesure
que vous les entendez.
Séparez d'abord l'imparfait du passé composé.
Ensuite dans les formes du passé composé,
séparez les verbes conjugués avec l'auxiliaire
«être», des verbes conjugués avec l'auxiliaire
«avoir».
• Combien de formes trouvez-vous
dans chaque catégorie ?

Mais votre liste de verbes conjugués avec «être»
est plus longue.
• Quel est le point commun à tous ces verbes ?

◼ *Vérifiez vos conclusions*

◼ *Réfléchissez*
Observez votre liste de verbes conjugués
avec «être».
Un seul de ces verbes, «s'arrêter», est un verbe
pronominal comme «se lever» ou «s'habiller».

APPRENEZ	
Verbes conjugués avec l'auxiliaire ÊTRE	
Les verbes pronominaux :	Les verbes de mouvement :
se lever, s'arrêter, se maquiller…	aller, entrer, monter …

5   Regardez et repérez

Observez les photos et
indiquez pour chacune :
le moment de la journée et,
si possible, l'heure et le type
d'établissement, l'âge moyen
des gens et ce qu'ils font.
Vous pouvez aussi imaginer ce
qu'ils ont fait avant et ce qu'ils
pourraient faire après.

1

EN BREF : *La scolarité obligatoire dure 10 ans (de l'âge de six à seize ans), mais elle peut durer 15 ans :*
3 ans d'enseignement préélémentaire dans les écoles maternelles (élèves de 2 à 5 ans),
5 ans d'enseignement dans les écoles primaires (élèves de 6 à 11–12 ans),
7 ans d'enseignement secondaire dans : les collèges (élèves de 11–12 ans à 15–16 ans), les lycées (élèves de 15–16 ans à 18–19 ans).
Les élèves ont 158 jours de classe dans l'année et travaillent 27 heures par semaine dans le primaire.

A. Répondez :
• En quelle saison cette histoire se déroule-t-elle ?

• De combien de personnages parle-t-on ?
• De combien de lieux parle-t-on ?

Le temps était à nouveau clair, le soleil brillant, mais il faisait moins lourd que les jours précédents, car une brise faisait frémir le feuillage des arbres et, parfois, les papiers sur le bureau…

Pour la mère de Moncin, la réponse était simple. Il lui était possible d'entrer dans l'immeuble de la rue Caulaincourt et d'en sortir à n'importe quelle heure de la nuit sans déranger la concierge car, en tant que propriétaire, elle avait une clé. Or, la concierge éteignait dans sa loge et se couchait dès dix heures du soir, au plus tard dix heures et demie. Boulevard Saint-Germain, les Moncin ne disposaient pas de clé. La concierge se couchait plus tard, aux environs d'onze heures…

Tant qu'elle n'était pas au lit et que la porte n'était pas fermée, la concierge prêtait une attention distraite aux locataires qui rentraient du cinéma, du théâtre ou d'une soirée chez des amis. Le matin, elle ouvrait le portail vers cinq heures et demie pour tirer les poubelles sur le trottoir et rentrait chez elle faire sa toilette. Parfois il lui arrivait de se recoucher une heure. Cela expliquait, pour Marcel Moncin, la possibilité d'être sorti après l'attentat manqué, afin de se débarrasser du complet en le déposant sur les quais.

Extrait de Simenon, in *Maigret tend un piège*, Gallimard 1955.

B. Lisez de nouveau puis répondez aux questions suivantes :
• De combien d'immeubles est-il question ?
• Où sont-ils situés ?
• Y a-t-il une concierge ?
• Comment appelle-t-on les logements des concierges ?
• Qui a une clé du portail de l'immeuble et qui n'a pas de clé ?

C. Comparez les emplois du temps des deux concierges.

D. Faites correspondre les mots et les illustrations :
une clé sur un portail – des poubelles sur le trottoir – des papiers sur un bureau – le feuillage des arbres – un complet sur les quais de la Seine

1   2   3   4   5

1. Le jardin du Luxembourg. 2. Un square de quartier. 3. Une forêt. 4. Un jardin privé de maison individuelle. 5. Un champ de blé.

A. Lisez la liste d'indices se trouvant dans les notes qui serviront à établir un rapport de police :
… espionnage industriel … vol des plans pendant la nuit … échange discret à Paris tôt le matin … armes probablement enterrées quelque part ou jetées dans une poubelle … complice probable à la campagne ou en banlieue … vol découvert en fin de matinée … à huit heures du soir aucun indice encore …

B. Formez des groupes. A l'aide des notes et de toutes les photos, imaginez le déroulement des faits. Décidez d'abord qui, où et quand …

■ *Ecrivez et parlez*
Rédigez un rapport de police détaillé dans chaque groupe puis exposez votre histoire aux autres groupes. Cet exposé peut être suivi d'un jeu de rôles.

LEÇON 20

Evaluation

- Synthèse de l'expression du mouvement au passé et de la comparaison
- L'expression du moment, de la durée et de la fréquence
- Emplois distinctifs des temps du passé étudiés
- Loisirs et jeux
- Situer des événements dans le temps et dans l'espace
- Présenter un thème lié à des coutumes
- Les célébrations du printemps

---

1 Ecoutez et repérez

A. Ecoutez une première fois en essayant de reconnaître dans la chanson populaire «Un monsieur attendait», toutes les formes d'expression du temps :
date ou heure – moment – durée – fréquence

B. Ecoutez une deuxième fois et notez dans quel ordre vous entendez les heures :
huit heures du matin, midi, six heures et demie, minuit.

C. Ecoutez une troisième fois pour noter dans quel ordre vous entendez les différents moments.
- Qui dit aujourd'hui, demain ?
- Qui dit le lendemain, le jour, un soir ?

D. Ecoutez encore pour repérer les trois mots indiquant la fréquence et la durée.

POUR VOUS AIDER :
fréquence = toujours
durée = pendant 40 ans, mille mois

---

2 Ecoutez et répondez

A. Vous connaissez maintenant l'histoire de la chanson. Pour vérifier votre compréhension, choisissez la bonne réponse à chaque question :

- La scène se déroule-t-elle dans …
une ville – un village ?

- Où attendait le monsieur ?
dans le palais – sur la place – dans un café
- Qui attendait-il ?
un ami – une jeune fille – sa sœur
- Pourquoi la jeune fille n'est-elle pas arrivée au rendez-vous ?
elle a oublié – elle était en retard – elle s'est trompée de café
- Pendant quarante ans le monsieur est allé au café :
tous les jours – tous les mois – tous les ans

- Avec qui la jeune fille s'est-elle mariée ?
avec le monsieur – avec le propriétaire du café – avec le patron du bar d'en face

B. Vous pouvez chanter le refrain de la chanson :

Un monsieur attendait au café du palais
Devant un Dubonnet la femme qu'il aimait
La pendule tournait et les mouches volaient
Et toujours le monsieur attendait.

G. Ulmer, Salvet, Cie EMI, 1945.

Dites si les photos représentent un petit bistrot de quartier, un grand café parisien ou un café de village.

EN BREF : *En France, il ne reste plus que 70 000 cafés en 1990, contre plus de 500 000 en 1910.*

A. Distinguez les personnages :
Rose, la patronne du bar-PMU
Emile, l'employé de la mairie et le mari de
Marguerite la boulangère
Eustache, le retraité
Urbain, l'agriculteur
Olivier, le facteur

POUR VOUS AIDER :

boulot = travail, en langage familier.

B. Classez ces mots en six groupes, en fonction de leur signification :
accident – blessés – boulot – chevaux – congé – course – élections – épouse – fille – France Dimanche – hôpital – journal – maire – mairie – permission – pronostics – télé

C. Ajoutez un ou plusieurs mots à chaque groupe.

L'APÉRO DU DIMANCHE

■ *Répondez*

- Que demande Urbain à Emile ?
- Que lui dit Rose ?
- Que dit alors Eustache ?
- Que demande Rose à Emile ?
- Que lui répond Emile ?

- Que demande Urbain à Eustache ?
- Que lui répond Eustache ?
- Que dit Olivier en arrivant ?
- Que lui demande Emile ?
- Que dit Emile après la réponse d'Olivier ?

A vous

A. Observez et décrivez les personnages de la B.D.
B. Que pensez-vous de la dernière phrase d'Emile ?
C. Comparez les personnages entre eux.

POUR VOUS AIDER : Pour comparer, on peut aussi employer «comme».

---

5   Lisez et complétez

Mettez les verbes entre parenthèses à la forme qui convient.

Dimanche dernier, en début de matinée, la route (*être*) humide et glissante. Une voiture (*déraper*) et (*provoquer*) un accident. L'état des blessés (*ne pas être*) grave. Mais on leur (*conseiller*) d'aller (*passer*) un examen à l'hôpital le plus proche. Ils (*arriver*) en fin de matinée et ils (*rentrer*) chez eux dans le courant de l'après-midi.

Hier après-midi, à l'hippodrome d'Auteuil (*se dérouler*) le prix du Président. Beaucoup de parieurs (*jouer*), mais peu (*gagner*) le tiercé dans l'ordre.

A vous

A. Regardez et classez les documents présentés sur ces pages en fonction de leur thème.

B. Formez des groupes. Chaque groupe choisit un thème différent et prend connaissance du contenu des documents qui correspondent au thème choisi.

C. Chaque groupe présente son thème aux autres groupes. Il faut enrichir la présentation avec des éléments et des documents concernant votre pays ; vous pouvez comparer les traditions.

Les courses de chevaux sont pour beaucoup de Français l'occasion de jouer au «tiercé» : on parie sur les trois chevaux qui gagnent.

A

Le PMU (Pari Mutuel Urbain) est un jeu d'argent très populaire. Légalisé en 1930, il totalisait en 1992 huit millions de parieurs.

C

1

Le dimanche des Rameaux, une semaine avant le dimanche de Pâques, se déroule à l'hippodrome d'Auteuil, à Paris, le Prix du Président de la République.

B

2

A Pâques la tradition se manifeste essentiellement dans les vitrines des pâtissiers et des confiseurs. De nouveau, comme à Noël, le chocolat et la gourmandise sont de la fête. Les Français achètent des œufs, des poules, des poissons et des lapins en chocolat.

D

3

PAQUES. *n. f. pl.*
Fête chrétienne célébrée le premier dimanche suivant la pleine lune de l'équinoxe de printemps, pour commémorer la résurrection du Christ.

Extrait de Le Petit Robert

E

Les élections législatives (députés à l'Assemblée) et municipales (maires) ont toujours lieu au mois de mars.

F

Les enfants découpent des poissons dans du papier et les accrochent dans le dos des gens pour plaisanter. Quand la victime découvre la plaisanterie, on lui dit : «poisson d'avril».

H

Les vacances de printemps se situent souvent près du week-end de Pâques. C'est la fin du deuxième trimestre scolaire et de l'hiver. Beaucoup de raisons de bonheur pour les élèves et les étudiants.

G

Le premier avril est un jour où les gens plaisantent. Les journaux donnent souvent des informations fausses comme «poisson d'avril».

I

6

7

4

5

J

> ### Le Cancre
>
> Il dit non avec la tête
> mais il dit oui avec le cœur
> il dit oui à ce qu'il aime
> il dit non au professeur
> il est debout
> on le questionne
> et tous les problèmes sont posés
> soudain le fou rire le prend
> et il efface tout
> les chiffres et les mots
> les dates et les noms
> les phrases et les pièges
> et malgré les menaces du maître
> sous les huées des enfants prodiges
> avec des craies de toutes les couleurs
> sur le tableau noir du malheur
> il dessine le visage du bonheur
>
> Jacques Prévert, in Paroles, Gallimard, 1949.

LEÇON 21

Révision

- Identification des personnes et des objets
- Le commerce : grands magasins, marchés aux puces, centres commerciaux…
- Les vêtements et les accessoires
- Exprimer ses choix

---

1 **Regardez, écoutez et repérez** 📼

A. Repérez sur les photos, les vêtements, et accessoires correspondant à l'enregistrement, puis trouvez l'erreur.

B. Présentez tous les vêtements et accessoires.
« C'est un … », « C'est une … », « Ce sont des … ».

C. Présentez les vêtements et accessoires par rapport à leur propriétaire.
« Voilà le / la / les …
… de l'homme / du garçon /
… de la fille / de la femme ».

une veste — un chapeau — une ceinture — des chaussettes — un chemisier — des bas — un manteau — une jupe — des gants — un pantalon — une cravate — un cartable — des chaussures — des clés — une robe — une serviette — une chemise — un pull — un sac à main — un bermuda

2   Entraînez-vous

A. A tour de rôle, conjuguez le verbe « chercher » au présent et à toutes les personnes, suivi d'un vêtement ou d'un objet.

Exemple : *Je cherche un chapeau, tu cherches une chemise, …*

B. A tour de rôle encore, conjuguez le verbe « acheter » au conditionnel, suivi d'un objet ou d'un vêtement.

Exemple : *J'achèterais un chapeau …*

C. Même activité, avec le verbe « vouloir » au conditionnel suivi d'un objet ou d'un vêtement précédé d'un démonstratif.

Exemple : *Je voudrais ce chapeau …*

D. Même activité avec les verbes « s'habiller » et « mettre » au futur. Le verbe « mettre » sera suivi d'un possessif et d'un vêtement.

Exemple : *Je m'habillerai, je mettrai mon pantalon …*

E. A tour de rôle, très rapidement, alternez A, B, C, D, personne par personne.

Ecoutez, regardez et repérez

A. Avant d'écouter, dites quelles photos d'intérieurs peuvent correspondre aux photos d'extérieurs.

B. Dites où peuvent se situer les conversations que vous entendez, grands magasins, grandes surfaces, supermarchés, marchés aux puces ou bouquinistes et indiquez les photos qui pourraient correspondre à ces lieux. Précisez, à chaque fois, ce qu'on vend.

1

2

3

EN BREF : *C'est dans les grandes surfaces que se font 35% des achats alimentaires et la vente des produits surgelés a doublé en 10 ans. En France, on mange de moins en moins de pain, mais de plus en plus de viande et de produits laitiers.*

Notez tous les noms de vêtements.

Soulignez et notez toutes les actions contradictoires.

Ecoutez puis faites une lecture à haute voix de ce poème.

Mémorisez quelques passages et essayez de les réciter à deux, en alternant les vers.

Monsieur met ses chaussettes
Monsieur les lui retire.

Monsieur met sa culotte
Monsieur la lui déchire.

Monsieur met sa chemise
Monsieur met ses bretelles
Monsieur met son veston
Monsieur met ses chaussures :
au fur et à mesure
Monsieur les fait valser.

Quand Monsieur se promène
Monsieur reste au logis

quand Monsieur est ici
Monsieur n'est jamais là

quand Monsieur fait l'amour
Monsieur fait pénitence

s'il prononce un discours
il garde le silence,

s'il part pour la forêt
c'est qu'il s'installe en ville,

lorsqu'il reste tranquille
c'est qu'il est inquiet

il dort quand il s'éveille
il pleure quand il rit

au lever du soleil
voici venir la nuit.

Vrai ! c'est vertigineux
de le voir coup sur coup
tantôt seul tantôt deux
levé couché levé
debout assis debout !

Il ôte son chapeau
il remet son chapeau
chapeau pas de chapeau
pas de chapeau chapeau
et jamais de repos.

Jean Tardieu, in **Monsieur monsieur**,
Gallimard, 1951.

Indiquez tous les rayons ou objets qui ont attiré le regard de Christophe.

Formez des groupes. Partagez-vous entre vendeurs et acheteurs et jouez des scènes d'achat pour chaque magasin choisi.

LE PLUS BEAU DES CADEAUX

AUX DAMES DE BAYONNE

EMPLACEMENT
DES RAYONS

• BIJOUX	RdC
• LINGERIE	RdC
• VÊTEMENTS	
• femmes	RdC
• hommes	1er et.
• enfants	2e et.
• MAROQUINERIE	1er et.
• PARFUMS	RdC
• ARTICLES pour	
FUMEURS	1er et.
• LIBRAIRIE	2e et.
• DISQUES	2e et.
• JOUETS	1er et.
• PAPETERIE	2e et.
• AMEUBLEMENT	3e et.

VOUS DÉSIREZ, MONSIEUR ?

JE VOUDRAIS FAIRE UN CADEAU À UNE JEUNE FEMME; PEUT-ÊTRE UN PARFUM.

VOUS AVEZ RAISON. C'EST LE PLUS BEAU DES CADEAUX.

JE ME DEMANDE SI ELLE AIMERA. JE SAIS QU'ELLE MET SOUVENT DU PARFUM.

CETTE EAU DE TOILETTE, PAR EXEMPLE, CONVIENT PARFAITEMENT POUR TOUS LES JOURS, MAIS JE PENSE QUE PARFOIS, IL FAUT UN PARFUM POUR LES GRANDES OCCASIONS.

JE CROIS QUE JE VAIS LUI OFFRIR UN PARFUM POUR UNE GRANDE OCCASION. DONNEZ-MOI LE MEILLEUR.

MAIS IL FAUT CHOISIR. REGARDEZ CE PARFUM, COMME IL SENT BON.

PSHH!

Révision

- L'identification et la définition : suite des révisions
- Description d'états et de situations
- Les services : poste, téléphone
- Rédaction de différents types de courrier

---

1 Regardez et précisez

Regardez ces personnages que vous connaissez déjà.
- Comment s'appellent-ils ? Quel est leur métier ? Où habitent-ils ?

A tour de rôle, présentez chaque personnage, comme vous le feriez au cours d'une soirée ou dans un café.

■ Parlez

A. Des personnages qui ne se connaissent pas se rencontrent. Par groupes de deux, imaginez des dialogues : saluez-vous, présentez-vous, posez des questions et répondez.

B. A tour de rôle, décrivez chaque personnage, en le comparant aux autres (plus jeune ou moins jeune, vieux, grand, petit, sympathique, intelligent, ridicule, sévère).

C. A tour de rôle, choisissez un personnage et dites pourquoi vous le préférez aux autres. *« Je préfère … parce qu'il est très …, le plus …, le moins ….Il a beaucoup de … peu de …».*

D. A tour de rôle, mettez-vous « dans la peau » de chaque personnage.
Donnez son opinion sur les autres personnages qu'il peut connaître.

1

2

3

4

5

6

7

8

133

Ecoutez et repérez

• Où peuvent se dérouler les conversations que vous entendez ?
Choisissez les photos qui pourraient correspondre à chaque situation.
• Quel extérieur correspond à quel intérieur ?

1

2

3

4

5

6

EN BREF : *Un ménage sur quatre a un minitel. On s'en sert beaucoup pour l'annuaire électronique mais aussi pour les jeux, les services bancaires, les réservations diverses, les achats et les rencontres à travers les messageries dites « roses ».*

● Que dit Olivier? Qu'est-ce qu'on lui répond?

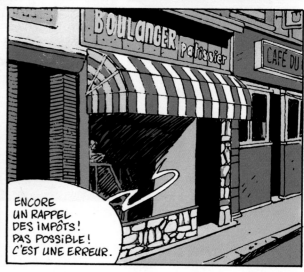

4 Lisez et repérez

• Identifiez d'abord les documents (faire-part, lettre officielle, télégramme, carte postale)
puis dites à qui ils sont destinés.

Mise en instance, la somme de 5000F correspondant à une partie de l'impôt pour l'année 92 n'étant toujours pas réglée, le centre des impôts se verra dans l'obligation de procéder aux poursuites prévues par la loi.

Trésor Public.

H° 9037   Montréal

Ma chère tante,
Mon voyage se déroule au mieux.
Le Canada est un très beau pays.
Je te raconterai à mon retour.
Comment va le bistrot ?
Toujours beaucoup de clients ?

Je pense à toi, Patrick.

© Photo Gilles Breton

Mme Dupont
4, Avenue de la Caravelle
75017 Paris

Vous annonce le décès
de Madame Laval - nuit du 5 avril -
nos condoléances
Maison Le Repos du Gâtinais.

Monsieur et Madame MIGNARD,
Monsieur et Madame GODARD,

ont le plaisir de vous faire part
de l'union prochaine de leurs enfants

XAVIER ET BARBARA.

5 Ecoutez et repérez 📼

• Ecoutez une première fois ce sketch, dit par Yves Montand et Simone Signoret.
• Ecoutez une deuxième fois en prenant des notes. Enfin, vous écrirez le texte du télégramme envoyé.

A vous

A. Choisissez un des messages des activités 4 ou 5 et transformez-le en lettre, carte postale ou télégramme.
Exemple : *Le télégramme de la Maison Le Repos du Gâtinais transformé en lettre officielle ou lettre personnelle.*

B. Vous êtes au téléphone. Donnez les nouvelles correspondant aux télégrammes, lettres ou cartes.

C. Inventez et écrivez chacun une lettre, une carte, un télégramme.

D. Téléphonez-vous les uns les autres en utilisant toutes les nouvelles de vos messages.

LEÇON 23

Contenus de la leçon

- Manipulation des formes de la phrase au présent et au passé
- Formation des participes passés
- Présentation des trois derniers sons (semi-voyelles)
- Les régions et les départements
- Epeler son nom et le nom des lieux
- L'expression des remerciements
- Suite de la rédaction du courrier

---

1 Lisez et repérez

A. Faites une liste avec tous les verbes utilisés dans ce poème.

B. Ecrivez les infinitifs correspondants dans une deuxième liste.

Déjeuner du matin

Il a mis le café
Dans la tasse
Il a mis le lait
Dans la tasse de café
Il a mis le sucre
Dans le café au lait
Avec la petite cuiller
Il a tourné
Il a bu le café au lait
Et il a reposé la tasse
Sans me parler
Il a allumé
Une cigarette
Il a fait des ronds
Avec la fumée
Il a mis les cendres

Dans le cendrier
Sans me parler
Sans me regarder
Il s'est levé
Il a mis
Son chapeau sur sa tête
Il a mis
Son manteau de pluie
Parce qu'il pleuvait
Et il est parti
Sous la pluie
Sans une parole
Sans me regarder
Et moi j'ai pris
Ma tête dans ma main
Et j'ai pleuré

Jacques Prévert, in *Paroles*,
Gallimard, 1949.

Ecoutez et repérez

A. En écoutant cette chanson de Serge Gainsbourg, notez les trois formes des verbes « venir », « sonner » et « faire » au passé composé.

POUR VOUS AIDER :
s'en aller = partir

B. Ajoutez ces verbes à vos deux listes de l'activité 1.

■ *Observez*
Séparez les infinitifs terminés en « er » des autres.
• Qu'est-ce que vous constatez ?

■ *Vérifiez vos conclusions*

APPRENEZ	
Formation des participes passés.	
INFINITIF	PARTICIPE PASSÉ
terminaison en **–er**	–é
autres terminaisons	–u –i –is –t…

N.B. Il faut apprendre les participes passés pour bien utiliser les verbes composés.

Exemples :
Il m'a dit : « Il va pleuvoir, il faut se lever et partir ».
Il a plu, je me suis levée et je suis partie.

---

3 ## Lisez, écoutez et comparez

Trouvez les similitudes entre la chanson et le poème de Verlaine.

Chanson d'automne

Les sanglots longs
Des violons
   De l'automne
Blessent mon cœur
D'une langueur
   Monotone.

Tout suffocant
Et blême, quand
   Sonne l'heure,
Je me souviens
Des jours anciens
   Et je pleure ;

Et je m'en vais
Au vent mauvais
   Qui m'emporte
Deçà, delà,
Pareil à la
   Feuille morte.

Paul Verlaine, dans « Paysages Tristes »,
in *Poèmes saturniens*

4   Entraînez-vous

A. A tour de rôle, conjuguez au passé composé, en changeant pronoms et possessifs :
Je me suis levé, j'ai mis mon chapeau
et je suis parti …
Tu t'es levé …

Continuez avec :
J'ai pris ma tasse et j'ai bu mon café …
Tu as pris ta tasse …

Puis :
J'ai fait mon travail et quand j'ai fini
je me suis reposé …

B. A tour de rôle, les mêmes conjugaisons au passé composé, mais à la forme négative.

C. A tour de rôle, en changeant les pronoms :
Je suis venu te dire que je m'en vais.
Tu es venu me dire que tu t'en vas.
Il est venu lui dire qu'il s'en va.
Elle est venue lui dire…

Continuez avec :
Je me souviens des jours heureux et je pleure.
Tu te souviens…

POUR VOUS AIDER :
Regardez bien la place des termes négatifs
au passé composé :

je ne me suis **pas** levé,	je n'ai **pas** bu,
je n'ai **pas** mis,	je n'ai **pas** fait,
je ne suis **pas** parti,	je n'ai **pas** fini,
je n'ai **pas** pris,	je ne me suis **pas** reposé.

5   Ecoutez les sons

◼ *Ecoutez*

Vérifiez si vous entendez exactement toutes
les phrases suivantes. Si oui, précisez l'ordre :
Les lions majestueux sont si loin !
Le miel des abeilles est doré.
Voici le dernier rayon du soleil.
J'entends le vieux piano.
Dans le ciel brillent les étoiles.

◼ *Ecoutez et répétez*

Répétez le refrain, vers par vers.
Ecoutez de nouveau et répétez le refrain en entier.

◼ *Ecoutez et écrivez : dictée*

6   Ecoutez, regardez et repérez   BD

A. Trouvez les termes, questions ou réponses, qui
expriment :
- la date
- la durée
- la cause
- les remerciements
- l'action passée

B. Notez les différentes formes de l'interrogation et
classez- les.
 • Qu'est-ce que vous observez dans les deux
formes interrogatives au passé composé ?

◼ *Quelles sont vos conclusions ?*

C'EST PAS TOUJOURS LA JOIE

À QUELLE DATE AVEZ-VOUS PERDU VOTRE TRAVAIL?

FIN FÉVRIER.

À CAUSE D'UN LICENCIEMENT ÉCONOMIQUE?

OUI. C'EST PARCE QUE LA BOÎTE A FERMÉ.

PENDANT COMBIEN DE TEMPS AVEZ-VOUS TRAVAILLÉ DANS CETTE SOCIÉTÉ?

PENDANT DIX ANS.

RAPPELEZ-MOI VOTRE NOM, S'IL VOUS PLAÎT?

PIERRE MARCHANDOU.

ÇA S'ÉCRIT COMMENT?

M.A.R. C.H.A.N. D.O.U.

JE VAIS CHERCHER VOTRE DOSSIER...

JE VOIS LÀ QUE VOUS AVEZ TOUJOURS DONNÉ SATISFACTION À VOS EMPLOYEURS.

C'EST EXACT.

JE VAIS VOIR SI JE PEUX VOUS TROUVER QUELQUE CHOSE. JE VOUS TIENDRAI AU COURANT.

MERCI MADEMOISELLE.

JE VOUS EN PRIE. JE SUIS LÀ POUR ÇA.

AU REVOIR!

AH C'EST TOI, YVETTE. TU N'AS PAS EU DE PROBLÈME AVEC TES EMPLOYEURS, J'ESPÈRE.

MAIS NON. C'EST MON JOUR DE CONGÉ. JE ME SUIS DIT QU'ON POUVAIT DÉJEUNER ENSEMBLE.

EXCELLENTE IDÉE. TU AS TRÈS BIEN FAIT. JE VAIS VOIR SI ON PEUT PARTIR.

!?

VA DÉJEUNER SANS MOI. ON SE VERRA PLUS TARD.

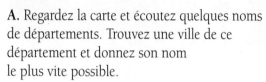
A. Ecoutez l'alphabet et répétez lettre par lettre :

A – B – C – D – E – F – G – H – I – J – K – L – M – N – O – P – Q – R – S – T – U – V – W – X – Y – Z

B. Ecoutez et écrivez les prénoms dans l'ordre alphabétique :
Dominique – Gaston – Jacqueline – Nathalie – Quentin – Barbara – Yvette – Louis – Edouard – Marguerite – Rose – Thomas – Agnès – Urbain – Karl – Isabelle – Walter – Patrick – Colette – Xavier – Fanny – Suzanne – Zoé – Victor – Hugues – Olivier.

8 Regardez, écoutez et repérez

A. Regardez la carte et écoutez quelques noms de départements. Trouvez une ville de ce département et donnez son nom le plus vite possible.

B. D'après vous, qu'évoquent les noms des départements ?

POUR VOUS AIDER :
voir la carte de France de la leçon 9, page 56.

C. Classez ces villes et ces départements avec leur région :
Alsace, Aquitaine, Bretagne, Centre, Champagne, Lorraine, Pays de Loire, Provence-Côte d'Azur ou Rhône-Alpes…

Exemple :
Ville = Marseille
Département = Bouches du Rhône (13)
Région = Provence-Côte d'Azur

A. Chacun prépare le texte d'un télégramme. Au choix : souhaiter l'anniversaire à quelqu'un, annoncer l'arrivée d'une personne de la famille, communiquer des résultats aux examens, annoncer un mariage, une naissance ou des fiançailles, réclamer le règlement d'une facture non payée, …

B. Une fois les thèmes distribués, chacun choisit une destination -ville et département- à l'aide de la carte.

C. A tour de rôle, chacun passe son télégramme par téléphone, en épelant le nom du département, une lettre = un prénom.

EN BREF : *La France est organisée en 22 grandes régions. Leurs noms correspondent souvent à des régions historiques, parfois à la géographie (Alsace, Bretagne…). Il y a plusieurs départements dans chaque région. Soit un total de 95 départements en France métropolitaine plus les départements et les territoires d'Outre mer (DOM-TOM). Leurs noms correspondent à des données géographiques, (fleuves, montagnes, mers…) et ils sont numérotés par ordre alphabétique, excepté quelques départements de la région parisienne - (ces numéros figurent sur l'immatriculation des voitures et sur les codes postaux). L'indicatif téléphonique de la France est le 33 et pour Paris on ajoute le 1. Chaque département a son propre indicatif téléphonique qui ne correspond pas du tout au numéro des plaques minéralogiques des voitures du département. Tout ça est très simple ! Plaque minéralogique (voiture) Code postal (courrier) Indicatif (téléphone).*

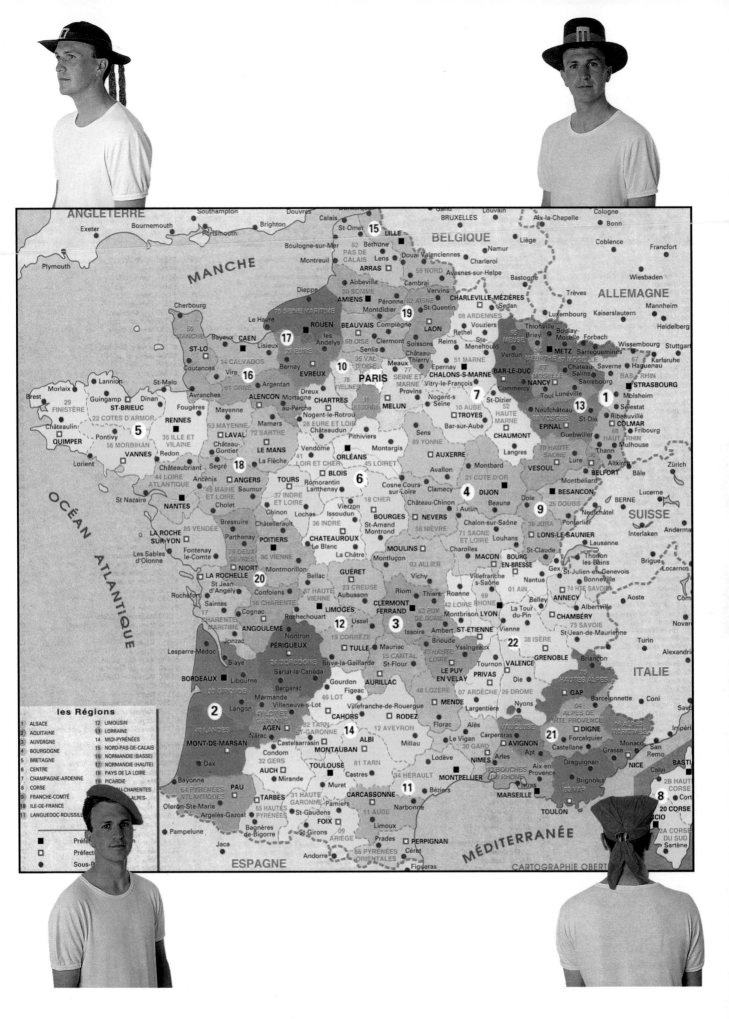

LEÇON 24

Contenus de la leçon

- La négation au passé composé
- Synthèse sur la formation du pluriel
- Le tourisme : restauration et hébergement
- Faire des réservations et organiser des rendez-vous professionnels
- Construire des textes descriptifs ou publicitaires

---

1 Ecoutez et repérez 📼

En écoutant ces deux conversations, notez toutes les formes verbales que vous entendez.

■ Observez

- Quelles différences trouvez-vous entre les différentes formes négatives ?
- Que remarquez-vous sur la place du deuxième terme de la négation ?

■ Vérifiez vos conclusions

APPRENEZ
Négation au PASSÉ COMPOSÉ

ne n'	auxiliaire +	pas plus jamais rien	+ participe passé

ne n'	auxiliaire + participe passé +	aucun... personne nulle part

Exemples :
Je n'ai pas vu l'accident.
Je n'ai rien vu, je n'ai vu personne et je n'ai entendu aucun bruit.

---

2 Lisez et modifiez

Mettez les phrases suivantes au passé composé.

Il ne mange rien.
Elle n'aime personne.
Nous ne pratiquons aucun sport.

Je ne me repose plus.
Vous ne jouez jamais.
Ils ne répondent pas.
Elles ne vont nulle part.

3   Lisez et distinguez

Voici des noms et des adjectifs, au singulier et au pluriel.
A. Trouvez les adjectifs qui conviennent aux noms.
B. Faites correspondre les singuliers et les pluriels.

genoux	cheveu	vieux	gris	yeux	calmes
lieux	cheval	code	vieux	vifs	choux
nouveaux	postal	ancien	codes	petits	lieu
calme	gris	clou	clous	postaux	ancien
journaux	douloureux	cheveux	frais	chevaux	châteaux

■ *Réfléchissez*

Comparez les singuliers et les pluriels.
Classez les différentes formations.

■ *Vérifiez vos conclusions*

APPRENEZ

Formation du PLURIEL

Cas général :	+ s	
Autres cas :	au singulier	au pluriel
terminaisons	s ou x	s ou x
	−au, −eau, −eu	+ x
	−al	−aux
	−ou	+ x (parfois)
Cas particulier :	œil	yeux

Exemple :
Un prix − des prix
Un bateau − des bateaux
Un code postal − des codes postaux

4   Entraînez-vous

A tour de rôle, une personne formule une phrase qui commence par : *J'ai aimé… / Nous avons aimé…* (alterner "je" et "nous", mais aussi "le / la / les /" + nom et adjectif).
La personne suivante dira : *Moi aussi, j'ai aimé …* ou *Nous aussi, nous avons aimé…*

Attention, la personne qui donne le modèle peut aussi dire : *Je n'ai pas aimé…,*

La personne suivante commencera alors sa phrase par : *Moi non plus, je n'ai pas … ou Nous non plus, nous …*

5   Ecoutez et précisez

Vous entendrez six conversations téléphoniques, qui ne sont pas dans l'ordre chronologique.

A. Restituez l'ordre chronologique des six conversations en notant à chaque fois qui a appelé qui et pourquoi.

B. Ecoutez encore et vérifiez vos réponses.

C. Dites qui va où, avec qui et pour quoi faire qui a réservé quoi, où et pourquoi.

D. Notez toutes les expressions spécifiques de la conversation téléphonique.

A vous

A. Imaginez que Christophe organise son voyage avec Fanny comme il le voulait, en amoureux. Faites la réservation d'hôtel à sa place et une réservation de restaurant pour la soirée de jeudi.

B. Imaginez d'autres situations (voyages, théâtre…) et faites les réservations nécessaires.

6   Regardez, écoutez et repérez BD

A. Notez toutes les constructions avec des prépositions (de, à, pour, en) ou des contractions. Quand la préposition est précédée d'un verbe, notez aussi l'infinitif du verbe.

B. Notez tous les articles définis et indéfinis (le, la, les, un, une, des).

C. Notez tous les partitifs (du, de la, des). Précisez leur emploi.

D. Quel menu ont-elles choisi ?

Menu

Entrée
Artichauts à la romaine
Poireaux vinaigrette
Crudités de saison

Plat
Lotte sauce armoricaine
Sole normande
Filet mignon
Sauce au poivre

Dessert
Du chariot à volonté

Entrée
Crudités saison
Pâté de campagne
Mousse de saumon

Plat
Sole normande
Pavé au poivre vert
Entrecôte maître d'hôtel

*Fromage
ou
dessert*

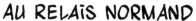

EXCUSEZ-MOI DE VOUS RECEVOIR AU RESTAURANT

MAIS NON, AU CONTRAIRE. C'EST TRÈS AIMABLE À VOUS DE M'AVOIR INVITÉE À DÉJEUNER.

LE MENU VOUS CONVIENT, OU VOUS PRÉFÉREZ CHOISIR À LA CARTE?

NON, NON. LE MENU IRA TRÈS BIEN.

CES DAMES ONT-ELLES CHOISI?

LE MENU POUR MOI AUSSI.

DEUX MENUS ... QU'EST-CE QUE VOUS PRENEZ EN ENTRÉE?

FANNY?

DES POIREAUX-VINAIGRETTE.

...UN POIREAU...

POUR MOI, DES CRUDITÉS SAISON.

UNE CRUDITÉ... ET COMME PLAT?

UN FILET MIGNON SAUCE AU POIVRE.

LA SOLE NORMANDE, C'EST COMMENT?

AVEC DE LA CRÈME. MAIS LA SAUCE EST TRÈS LÉGÈRE ET LA SOLE TRÈS FRAÎCHE.

ALORS, CE SERA LA SOLE NORMANDE POUR MOI.

...UN FILET ET UNE SOLE...

POUR LES DESSERTS, ON VERRA TOUT À L'HEURE.

ÉVIDEMMENT VOILÀ LA CARTE DES VINS.

QU'EST-CE QUE VOUS NOUS CONSEILLEZ?

IL Y A DE LA VIANDE ET DU POISSON... UN ROUGE LÉGER DEVRAIT ALLER. VOUS AVEZ, PAR EXEMPLE, DES VINS DE LOIRE OU DU BORDEAUX. NOUS AVONS UN TRÈS BON BORDEAUX EN PICHET.

PARFAIT. UN DEMI-PICHET DE BORDEAUX, ALORS.

BON APPÉTIT.

• Quelles descriptions de lieux peuvent correspondre à quelles photos ?

LAPÉROUSE
51, quai des Grands-Augustins.
Fermé sam. midi, dim., lundi midi et août.
Jusqu'à 23 h.

Ce vieux restaurant parisien, face à la Seine, connaît une nouvelle jeunesse. Le décor de style a été rénové il y a quelques années et la cuisine rafinée remise au goût du jour par Gabriel Biscay.
Salade de rougets et calamars sauce à l'encre, ravioli de fromage avec son jus à la ciboulette, daurade au beurre de piperade, filet d'agneau de lait en croûte participent de ce bel esprit.

Paris Gourmand, Lattès

L'AUBERGE

L'ancien relais de poste du XIXᵉ siècle –L'Auberge– repris et réaménagé avec un goût exquis par la famille Gangloff est installé en plein centre de Combreux avec 7 chambres assez mignonnes (douches, w.-c.). Décor rustique mais élégant, aussi bien dans la salle à manger, avec poutres apparentes, cheminée, tables rondes nappées et fleuries, que dans le salon-bar avec piano, cheminée très intime.

Le Figaro Magazine

CHEZ EMILE À TOULOUSE.

Sur la charmante place Saint-Georges, face à un splendide hôtel particulier toulousain, le malicieux Francis Perrier conduit de main de maître cette qualité dont le registre se partage entre les plats de poissons (au rez-de-chaussée) et la tradition régionale (au 1ᵉʳ étage).
Carte des vins à prix abordable. Saumon à la norvégienne, cassoulet au confit de canard, poulpitos de la Mer à la "catalane", turbotin grillé sauce béarnaise.
Menu 190-210 (hiver) 200-230 (déj. terrasse) • 190-210 (Déj. aff.) • Carte 280 dim., lundi et fête de fin d'année.

Bottin Gourmand, Bottin

GRAND HOTEL ET RESTAURANT LE BALBEC ****.

Promenade Marcel Proust.
70 chambres. Inévitable clin d'œil à Proust, mais ce palace d'une autre époque, remarquablement rénové, offre tout le confort actuel (les vastes chambres sont toutes dotées de salles de bains parfaites, certaines spectaculaires). Admirablement situé entre mer et jardin, le Grand Hôtel à Cabourg conserve l'atmosphère perdue par les palaces de Deauville.

Les Guides du Livre de Poche

CHATEAU DE BRÉCOURT ****
Douains
27120 Pacy-sur-Eure (Eure)

•Ouverture toute l'année • 29 chambres avec tél. direct, s. d. b. douches et w. c. • Chiens admis avec 50 F de supplément-Piscine, jacuzzi, tennis et parking à l'hôtel • Possibilité alentour : musée Monet à Giverny-Golf 9 trous à Gaillon • Restaurant. Aux portes de la Normandie et à seulement 60 km de Paris, le Château de Brécourt d'époque Louis XIII est un lieu idéal de week-end.

Guide des auberges et hôtels de charme en France, 93

BOFINGER
5, rue de la Bastille.
Tljrs. Jusqu'à 1h du matin.

Ce monument de la brasserie parisienne, avec coupole de verre, banquettes de moleskine, patères, appliques et toilettes 1900, fresques d'Hansi (au premier) et joyeuses tablées… On fait ici dans la modestie bon enfant.
Le répertoire classique (harengs marinés, belles huîtres extra-fraîches, pied de porc pané à la sainte-menehould, andouillette du père Duval, choucroute en cinq versions) se complique, mais à peine, de spécialités au fil du temps (gibier, pot-au-feu de canard, riz et oignons poêlés).

Paris Gourmand, Lattès

GITE RURAL

Aménagé dans le respect du style local, le gîte rural est une maison ou un logement indépendant situé à la campagne, à la mer ou à la montagne. On peut louer pour un week-end, une ou plusieurs semaines, en toutes saisons. A l'arrivée, les propriétaires vous réserveront le meilleur accueil.

Gîtes de France

A vous

Imaginez dans quelles circonstances vous choisiriez tel ou tel lieu.
Justifiez votre choix, avec des éléments trouvés dans les documents et en vous aidant des photos.

EN BREF : *Le classement des restaurants en 1, 2, 3, 4 étoiles obéit à des normes précises. La différence vient de la qualité de la cuisine, mais aussi du confort des installations sanitaires, de l'espace entre les tables…*
Pour les hôtels, le nombre d'étoiles dépend, entre autres, du nombre et de la superficie des chambres, des installations sanitaires, des langues parlées à la réception… (Extraits du Journal Officiel)

LEÇON 25

Evaluation

- L'expression de l'heure, de la date et du moment au présent et au passé
- La conjugaison des temps du présent et du passé
- Sensibilisation à la rédaction journalistique
- Fêtes, célébrations et cuisine traditionnelles

---

1 Lisez et modifiez

A. Mettez ces textes au pluriel, en respectant les personnes, le mode et le temps :

Viens ! Tiens ce papier ! Souviens-toi :
ne deviens pas stupide et reviens.

Elle lui dit : « pendant que je lis, écris un texte,
décris le paysage et je t'interdis de copier ».
Lui, il rit. Alors elle, elle sourit.

Je ne mens pas, je ne dors pas.
Sers-moi à boire !

B. Mettez ces textes au singulier, de la même manière :

Enrichissez-vous, grossissez, rougissez,
finissez votre travail… Mais choisissez !

Ils connaissent le chemin,
mais ils ne reconnaissent plus rien.
Ils paraissent perdus.

Nous prenons, nous vendons
et nous ne perdons pas au change.

---

2 Ecoutez et repérez 🔲

En écoutant une fois le texte prenez note des formes verbales.

■ *Ecoutez et modifiez*

A. Mettez les formes verbales au pluriel, phrase après phrase.

B. Ecoutez tous les textes au pluriel, suivis des textes modifiés de l'activité 1, pour vérifier vos réponses.

---

3 Lisez, écoutez et distinguez 🔲

Groupez ces mots en trois catégories :
légumes – viandes – condiments

chou – agneau – artichaut – bœuf – haricots –
mouton – moutarde – petits pois – poireau –
poivre – pomme de terre – porc – poulet –
salsifis – sel – sucre – tomate – veau

■ *Ecoutez et repérez*

Dans cet extrait d'une très vieille chanson française, vous trouverez des mots correspondant à l'une des trois catégories.
- Laquelle ?
- Quels sont ces mots ?…

4   Lisez et distinguez

A. Faites correspondre les infinitifs et les participes passés.

B. Classez ces infinitifs et participes d'après leurs ressemblances.

avoir	perdre	choisi	vendre
choisir	pleuvoir	connu	venir
connaître	prendre	reconnu	voir
croire	pouvoir	paru	vouloir
décrire	recevoir	pris	pu
devenir	reconnaître	vendu	assis
dire	revenir	perdu	su
dormir	écrit	reçu	cru
écrire	décrit	éteint	plu
enrichir	interdit	fait	vu
éteindre	ri	voulu	eu
faire	souri	rire	venu
finir	menti	rougir	tenu
grossir	dormi	servir	souvenu
interdire	servi	s'asseoir	devenu
lire	enrichi	se souvenir	revenu
mentir	grossi	sourire	dit
paraître	fini	tenir	lu

■ *Ecrivez*

Employez quelques-uns de ces verbes pour écrire trois textes au passé.
Vous pouvez utiliser le passé composé et l'imparfait.

5   Ecoutez les sons

■ *Ecoutez*

Ecoutez le texte complet une fois.

■ *Ecoutez et écrivez : dictée*

A vous

Regardez ces illustrations. Vous reconnaissez des scènes.
Formez des groupes et choisissez une scène par groupe.
Chaque groupe prépare des dialogues qui peuvent faire suite à ces scènes.
La question sous chaque illustration peut être l'amorce d'un dialogue.

• Que répond Olivier, le facteur, à Rose Martin ?

• Qu'est-ce qu'Yvette va raconter plus tard à son amie Fanny ?

• Qu'est-ce que Chantal Mignard va demander plus tard à sa fille ?

• Qu'est-ce que Karl va raconter plus tard à Walter ?

• Que va dire Christophe à Fanny en lui offrant le cadeau ?

• Que va raconter Christine à Edouard à la fin de cette journée ?

• Que va demander Emile à sa fille Agnès ?

• Quel cas Fanny va-t-elle exposer à Suzanne ?

Quelles photos illustrent quels textes ?

Commerce ou fêtes familiales ?

« La fête des mères, le dernier dimanche du mois de mai, est devenue une institution, au grand bonheur des commerçants. La fête des pères, le troisième dimanche du mois de juin, a du mal à s'imposer, au grand regret des commerçants. »

1

2

Joli mai !

« En 1989, le 1er mai, fête du travail était un lundi ; le 8 mai, fête de la Victoire de 1945 aussi ; l'Ascension, le jeudi 4 mai et le lundi de Pentecôte, le 15 mai : soit un pont et trois longs week-ends en l'espace de deux semaines ! Au moment où les jours s'allongent, à la proximité de l'été, quel joli mois de mai ! »

D'après *Une année en France*,
CLE International 1990.

LA FLEUR DU BONHEUR

La tradition veut que le 1er mai, on offre du muguet parce que le muguet de mai, en brin ou en bouquet, favorise le bonheur. En tout cas, cela ne fait de mal à personne de le croire !

3

4

A. A partir de cette liste, associez les ingrédients et les plats illustrés :
de la crème – de la farine – des haricots blancs – du jambon – des œufs – du poisson – des saucisses

B. Devinez de quelle région de France ils sont originaires :
Bretagne – Languedoc – Lorraine – Provence

A vous

A. A partir des documents écrits de cette page et des documents de la page 124, créez des rubriques pour classer l'information : économie – société – actualité – cuisine – célébrations…

B. Choisissez des photos pour illustrer chaque rubrique.

C. Organisez toute cette matière pour l'élaboration d'un magazine.
Vous pouvez travailler en groupes et comparer les présentations.

D. Sur ce modèle, vous pouvez rédiger des articles équivalents, avec des informations de votre pays.

LEÇON 26

Révision

- Synthèse sur l'emploi de la négation
- La conjugaison au futur
- La presse et les livres
- Reconnaissance de différents genres d'écrit
- Faire des projets
- Réaliser des enquêtes

---

1 **Ecoutez et repérez** 📼

A. Ecoutez le bulletin météo et distinguez sur les cartes, le temps prévu pour le matin du temps prévu pour l'après-midi.

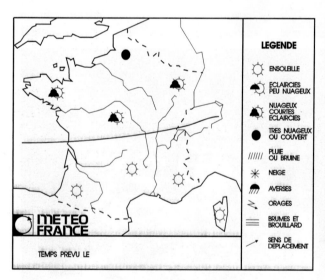
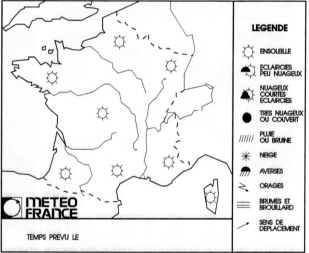

B. Ecoutez et notez toutes les expressions qui désignent le moment et le lieu.

C. Ecoutez et notez tous les verbes conjugués au futur.

---

2 **Lisez, écoutez et repérez** 📼

Ecoutez une chanson de Mouloudji. Voici le refrain :

> **Un jour tu verras**
>
> Un jour tu verras, on se rencontrera
> Quelque part, n'importe où
> Guidés par le hasard
> Nous nous regarderons et nous nous sourirons
> Et la main dans la main
> Par les rues nous irons.
>
> Van Parys / Mouloudji, Editions Meridien.

■ *Trouvez*

A. Repérez sur l'ensemble de la chanson, les expressions qui désignent le moment et le lieu.

B. Notez tous les verbes conjugués au futur.

■ *Réfléchissez*

A. Classez ensemble les expressions trouvées dans les activités 1 et 2 qui indiquent le moment et le lieu.

B. Regardez les formes du futur trouvées dans les activités 1 et 2
• Qu'est-ce que vous remarquez pour les verbes : revenir, faire, pouvoir, voir, aller, avoir et être ?

■ *Quelles sont vos conclusions ?*

---

3   Entraînez-vous

A. Conjuguez au futur les verbes « venir, aller, pouvoir, voir, avoir et être ».

B. A tour de rôle, conjuguez en alternant les personnes : « J'irai partout » …

« Je ne verrai rien du tout » …
« Je ne reviendrai jamais » …
« Je pourrai toujours apprendre quelque chose » …
« Aurai-je de la chance ? » …
« Je serai le meilleur » …

---

4   Lisez et repérez

Faites correspondre les rubriques, les titres et les articles.

SPORTS

MATCH NUL

« Quand reviendra-t-il ? »

LIONS EN PLEINE FORME

CIEL BRUMEUX SUR LE LINGOT D'OR

ACCIDENT SUR LA NATIONALE 7

HOROSCOPE

Courrier du Cœur

FAITS DIVERS

■ **FINANCES** ■

La santé des natifs du signe sera au beau fixe. On dirait que les lions ont mangé du lion !

L'équipe d'Auxerre ne pourra pas se qualifier pour le championnat des Nations. Hier les Auxerrois n'ont pas réussi à battre les Marseillais. Ce match tant attendu s'est terminé par deux buts à deux.

Hier, en fin de matinée, une voiture est entrée en collision avec un poids lourd. Miraculeusement il n'y a eu aucun blessé grave.

Cher Marasha.

Je n'aurai plus le courage d'attendre le retour de mon fiancé. Je n'ai pas la vertu des femmes de marin. Que dois-je faire ?

Ce matin, à la bourse, le lingot d'or a connu une baisse spectaculaire. Les économistes se demandent s'il arrivera à remonter la pente avant la fin de la semaine.

■ *Parlez*

Formez deux groupes : l'un posera des questions sur les articles de presse, l'autre répondra aux questions posées.
« Qui … Quand … Pourquoi … Où … Combien … De quel… A qui … Comment …»

Aidez Walter à préparer son enquête.

A vous

Vous avez rédigé le document qui sera la base de l'enquête sur la lecture.
Faites remplir l'enquête par tout le monde dans le groupe et analysez les résultats.

POUR VOUS AIDER : Eléments indispensables pour l'élaboration de l'enquête : profil de la personne interrogée (sexe, âge, occupation, origine et domicile actuel), passe-temps préféré (radio, télé, cinéma, lecture).

Données à préciser au choix : temps consacré à la lecture, moments et lieux, type de lecture (actualité, poésie, romans policiers, nouvelles),question ouverte concernant le pourquoi de ces choix…

---

6   Lisez, regardez et repérez

- Quelle présentation correspond à quelle couverture de livre ?
- A quelle genre de lecture appartiennent ces livres (poésie, roman, guide, vie pratique) ?

Un grand mouvement de sensibilité.

Retour à la nature et inspirations de l'âme : André Chénier, Alphonse de Lamartine, Alfred de Vigny, Alfred de Musset, Gérard de Nerval.

Où aller ? Que voir ? Que chercher ?

Aussi utile que prestigieux, par l'abondance de ses photos, cet album présente un tableau pratique, vivant, détaillé de la France entière, région par région.

Les jeux révolutionnaires d'un monstrueux Quasimodo.

Au début du XIXème. siècle, Pataro est connu de tous les Lyonnais. C'est une sorte de monstre qui parcourt la ville sur les coudes et sur les genoux. Il effectue des courses secrètes entre les beaux quartiers et les ruelles où des tisserands se tuent au travail pour des salaires de misère. Lorsque la révolte éclate parmi les déshérités qui réclament deux sous d'augmentation, Pataro complote et manipule les acteurs du drame. Histoire fascinante et imprévisible.

© France loisirs
Janvier-Février-Mars 1993

Les couleurs contrastées d'un génie.

Ce volume regroupe quinze longues nouvelles qui illustrent l'éclatante diversité de l'inspiration de Maupassant. « Boule de Suif », salué par Flaubert comme un chef-d'œuvre, « La Maison Tellier », etc.

Pour tout faire par soi-même.

Un robinet qui fuit, un mur taché d'humidité, des fenêtres qui laissent passer des courants d'air… Des problèmes qui gâtent votre cadre de vie ? Il est facile d'y remédier. Ce livre vous dit tout.

Ecoutez et repérez

• Où sont les gens qui parlent ? Qu'est-ce qu'ils cherchent ?

5

6

8   Lisez et répondez

- Est-ce que l'homme lit le journal qu'il a acheté ?
- Que pense la personne qui court derrière lui ?
- Pourquoi l'homme lit-il le journal ?

> «
>
> Un homme achète un journal puis le jette
> après l'avoir à peine parcouru.
> Quelqu'un court derrière lui et le rattrape…
>
> – Monsieur, vous avez fait tomber votre journal.
> – Merci, dit l'homme.
> – Il n'y a pas de quoi, c'est la moindre des choses,
> reprend l'autre qui s'éloigne…
>
> et l'homme n'ose jeter le journal à nouveau…
> et il le lit… et, noir sur blanc, apprend une nouvelle
> qui modifie sa vie.
>
> Extrait de "Les Ravages de la Délicatesse" de Jacques Prévert
> in *Spectacle*, Ed. Gallimard 1949
>
> »

A. Chacun doit choisir, parmi des livres, des journaux ou des magazines, quelque chose à acheter. Il doit décider où il veut aller l'acheter (grande librairie, kiosque, supermarché, petit libraire, boutique « journaux-tabac »…).

B. Chacun joue la scène d'achat avec son voisin. D'après les lieux, les échanges ne seront peut-être pas les mêmes. Un vendeur peut conseiller ou déconseiller tel ou tel livre.

C. Deuxième étape de l'élaboration de votre magazine.
En vous inspirant des présentations des livres en page 159, rédigez une rubrique culturelle ; la critique du livre peut être positive ou négative.

POUR VOUS AIDER :

mensonger, inintéressant, ennuyeux, sans talent, mal écrit, extraordinaire, superbe, génial

LEÇON 27

Révision

- L'expression de l'obligation et la localisation dans l'espace
- Les médias : radio et télévision
- Donner des instructions
- Manifester son mécontentement
- Analyse de l'information et différences entre l'oral et l'écrit

---

1 Ecoutez et distinguez

Vous entendez les instructions d'un metteur en scène pendant un tournage.
- Quelles sont les photos qui correspondent à la scène 1 et à la scène 2 ?
- Quelles photos correspondent à la première, à la deuxième ou à la troisième prise ?

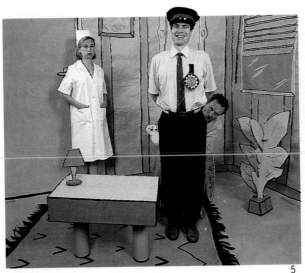
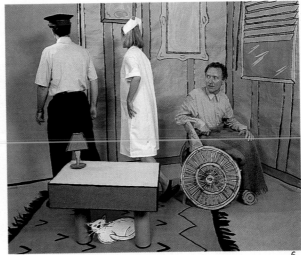

5   6

■ *Parlez*

Décrivez chacune des photos.

A. Repérez les questions posées et les réponses « Oui », « Non », « Si ».

B. Quand dit-on « Oui » par opposition à « Si » ?

■ *Quelles sont vos conclusions ?*

A vous

A tour de rôle, quelqu'un pose une question, le suivant répond. Tout le monde doit répondre affirmativement, mais les questions seront, au choix, affirmatives ou négatives. Vous pouvez poser des questions à propos des photos.

Exemple :
– *Tu vas bien ?*
– *Oui, très bien.*
– *Comment, tu ne vas pas bien ?*
– *Mais si, je vais bien.*

| 3 | Lisez et complétez |

Pour insister et rendre les instructions plus claires, on répète souvent les mêmes choses de façon différente. A vous de compléter les blancs.

L'infirmière doit s'approcher du malade silencieusement, tout à fait en silence. N'oubliez pas que le malade ne doit rien entendre, il n'est pas sourd, pas … sourd. Alors, soudain, …, la porte s'ouvre à moitié, pas … Le chat a peur et se cache … sous la table, très vite. Derrière la fenêtre on entend le vent qui souffle …, qui souffle un peu. Tout d'un coup, …, la pièce devient sombre, il n'y a … de lumière, on ne doit … voir. Le rideau va tomber …, peu à peu. C'est alors qu'on entend les applaudissements, très …, très enthousiastes. Le public va … aimer. Ils vont énormément aimer.

■ *Ecoutez et vérifiez*

Ecoutez cet exemple de texte complété. Vous pouvez recommencer en faisant d'autres propositions.

---

4 Lisez et modifiez

Mettez les verbes à l'imparfait.

> Paul mange dans la cuisine.
> Pierre commence à faire ses mots croisés.
> Généralement, il se trompe, il efface tout,
> il corrige et il recommence.
> Marie range sa chambre soigneusement.
> Elle ne prononce pas un seul mot.
> Le chat se déplace lentement et sans bruit.
> Il se dirige toujours vers la porte de sortie.
> Les parents voyagent beaucoup.
> Ils déménagent souvent. Mais ils ne divorcent
> pas, ils protègent leurs habitudes.
> La police interroge le suspect et l'oblige
> à raconter les faits.

Exemples : *Nous mangeons – Nous commençons –*
Il mangeait – Il commençait …

■ *Réfléchissez*
• Quel problème avez-vous rencontré pour écrire
les formes de l'imparfait de tous ces verbes
en **-ger** et en **-cer**?
Conjuguez maintenant ces verbes au présent,
à la première personne du pluriel.
• Que remarquez-vous?

■ *Vérifiez vos conclusions*

APPRENEZ	
verbes «–**ger**» et en «–**cer**»	
Devant «–**a**» et «–**o**»	
«–**g**» garde le «–**e**»	«**c**» devient «–**ç**»

5 Regardez, lisez et repérez

Voici les logos de quelques chaînes de télévision et stations de radio en France.

Prenez connaissance des programmes. Dites quelles émissions vous préférez et pourquoi. Aidez-vous
des programmes pour répondre et si vous préférez la radio, dites aussi pourquoi. Tout le monde doit faire
un choix et le justifier.

DIMANCHE 4 LA VACHE ET LE PRISONNIER

de Henri Verneuil

Comédie. Du charme toujours dans ce couple insolite. Fernandel, prisonnier français, qui s'évade en compagnie de… Marguerite, la vache domestique, sauf-conduit à quatre pattes pour détourner la vigilance des Allemands. Version colorisée.

DIMANCHE 4 VAN GOGH

de Maurice Pialat

Drame. Les derniers mois de Van Gogh à Auvers-sur-Oise, avant le coup de pistolet fatal. Portrait de l'artiste avec Jacques Dutronc sinon vraiment convaincant, du moins très crédible. Une évocation grave, qui se veut proche de la vérité et nous touche. De superbes images proches des tableaux.

JEUDI 8 UN FLIC

de Jean-Pierre Melville

Policier. Au départ, un fait divers banal : un commissaire de police (Delon) recherche les responsables d'un hold-up meurtrier. Le hic, c'est que le chef du gang est un de ses amis, patron d'une boîte de nuit. Entre eux, une femme qui les aime bien. Catherine Deneuve. Action et étude de caractères.

JEUDI 8 COUP DE TETE

de Jean-Jacques Annaud

Comédie dramatique. Patrick Dewaere en prison pour un viol qu'il n'a pas commis et dont le responsable est un gros bonnet de la ville. Seulement, l'accusé est le pilier de l'équipe de foot locale ! Embêtant de s'en passer ! Menée à un train d'enfer, une satire acide de la respectabilité de certains notables.

Télé 7 jours du 3 au 9 avril

20.45 : numéro spécial de "La marche du siècle" ETAT D'URGENCE : La France au chômage présenté par Jean-Marie Cavada.

Elaboré par l'équipe de "La marche du siècle", ce deuxième "Etat d'urgence" de l'année, composé de reportages, d'interviews et de témoignages, s'intéresse au chômage en France : principale préoccupation des Français. Comment vit-on le chômage au quotidien ? Pourquoi la France est-elle si sévèrement touchée ? Que peut-on proposer ?… Les reportages : la dernière charpente. Une usine ferme dans la région de Rennes : les derniers jours de la vie d'une PME spécialisée dans la fabrication des charpentes, à travers portraits et histoires de drames humains.

20.45 : Divertissement de Philip Plaisance, "LES MARCHES DE LA GLOIRE" présenté par Laurent Cabrol.

"Le pied broyé". Accident sur la route des vacances. Cette émission met en vedette cinq personnes qui ont vécu une histoire extraordinaire. Certains de ces héros se retrouvent sur le plateau. Avec une séquence "Frissons", une séquence "Formidables" relatant un acte sensationnel, une reconstitution étrange et la rediffusion, à la demande des téléspectateurs, d'une fiction déjà programmée. Jeudi 2 juillet 1992. Pierre, Ginette emmènent leurs deux petites filles, Ingrid et Edwige faire du camping à côté de Carcassonne. Partis à deux voitures, ils ont parcouru 300 kilomètres depuis Marseille lorsque Pierre n'aperçoit plus la voiture de sa femme. Ginette a perdu le contrôle de son véhicule…

0.05 : CINE-CLUB Hommage à Robert Bresson Film dramatique franco-suisse, en couleur. L'ARGENT de Robert Bresson (1983) Scénario de Robert Bresson, partiellement inspiré de la nouvelle de Tolstoï "Le faux billet".

Musique : "Fantaisie chromatique" de Jean-Sébastien Bach. (durée initiale : 1h25).

Norbert, qui est endetté, se fait remettre par un camarade de lycée un faux billet de cinq cents francs, qu'il utilise pour payer un cadre, chez un photographe. Le commerçant remet la coupure à Yvon, qui lui a livré du mazout. Yvon tente ensuite, en toute innocence, d'utiliser à son tour cet argent. Mais le billet est refusé…

NOTRE AVIS : l'austérité du sujet et du traitement le fait réserver à un public très exigeant.

Téléstar du 27 mars au 2 avril

RADIO

FRANCE CULTURE

Informations : 7.00; 7.30; 8.00; 9.00; 12.30; 18.30; 22.30; 0.00

1.00 : Les nuits de France Culture (rediff.). Journal d'enfance ; à 2.20, Pages arrachées à Maupassant ; à 2.49, Le retour d'Ulysse ; à 4.53, Feuilleton: Mystère, de Knut Hamsun ; à 5.54, Euphonia : Ruptures.

7.02 : Culture matin. Actualité culturelle.

FRANCE MUSIQUE

19.33 : Les Rendez-vous du soir . Magazine international, par Michel Godard.

20.23 : Un fauteuil pour l'orchestre.

20.30 : Concert (donné le 9 décembre au Suntory Hall à Tokyo) : Ma mère l'Oye, de Ravel, Ibéria, Prélude à l'après-midi d'un faune, de Debussy ; Les tableaux d'une exposition, de Moussorgski (orchestration de Ravel), par l'Orchestre national de France, dit, Charles Dutoit.

Le Monde du 13 au 20 décembre

• Que pourraient faire les personnes habitant dans un immeuble si la télévision n'existait pas ?

7   Regardez et repérez

A. Regardez les portraits des familles d'artistes et trouvez les films où ils ont joué ou le disque qu'ils ont enregistré.

B. Regardez les photos et dites si c'est la fête du cinéma ou la fête de la musique.

 vous

Préparez une émission radiophonique contenant plusieurs rubriques en vous servant des éléments rassemblés dans votre magazine (leçons 25 et 26).
N'oubliez pas d'ajouter à votre magazine des rubriques musicales et cinématographiques.

LEÇON 28

Révision

- Situer dans l'espace et dans le temps
- Les sports
- Décrire des événements
- Rapporter des événements par écrit

---

1 Ecoutez et répondez

- De quel sport parle-t-on ?
- D'où sont les équipes ?
- Où joue chaque équipe ?
- Qui sont les parents des enfants ?
- Que feront les enfants quand ils seront grands ?

- Dans quelle ville chaque équipe gagne-t-elle et perd-elle ?
- Qui joue contre qui ?
- Pourquoi tout le monde est-il content ?

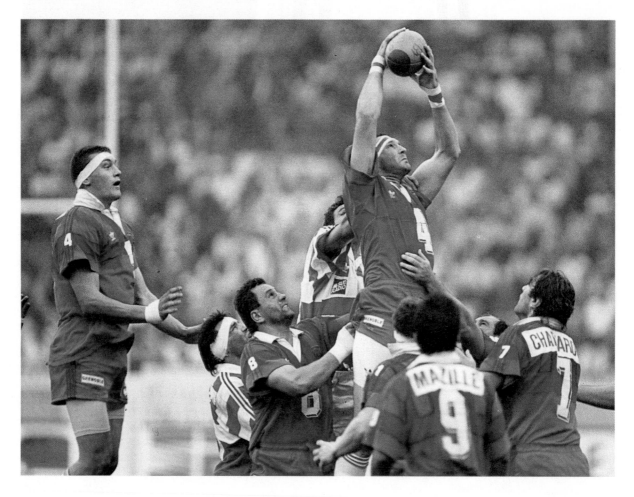

2   Lisez et répondez

• Parmi les trois réponses, laquelle est la bonne ?

Florence ARTHAUD est une navigatrice célèbre.
Elle a gagné :
☐ le tour du monde en solitaire
☐ l'America's cup
☐ la route du rhum

Alain PROST a été
champion du monde
de Formule 1 :
☐ 2 fois
☐ 4 fois
☐ 5 fois

Bernard HINAULT
a remporté le tour de France :
☐ 5 fois
☐ 2 fois
☐ 3 fois

Jean-Pierre PAPIN
est l'avant-centre de l'équipe
de France de football.
Aujourd'hui il joue :
☐ en France
☐ en Italie
☐ en Argentine

Serge BLANCO reste le plus
connu des rugbymens
français.
Il jouait au poste :
☐ d'arrière
☐ d'avant
☐ de trois-quarts

Carole MERLE a été championne du monde
de ski alpin :
☐ en descente
☐ en slalom géant
☐ en slalom spécial

Pascal OMNES a été
champion olympique
d'escrime :
☐ au fleuret
☐ à l'épée
☐ au sabre

Surya BONALY est une patineuse célèbre.
Elle a été :
☐ championne d'Europe
en 1991, 1992, 1993, 1994
☐ championne du monde
en 1992
☐ championne olympique
en 1993

EN VOITURE, JACQUELINE!

TU ES PRÊT, MANUEL?

JE ME LAVE LES MAINS, JE ME CHANGE ET J'ARRIVE.

ÇA VA LE BOULOT, JACQUELINE?

ÇA VA. DANS MON RAYON, ON N'EST JAMAIS TROP DÉBORDÉES. JE NE VOUDRAIS PAS FAIRE LES VÊTEMENTS, PAR CONTRE. JE PLAINS MES COLLÈGUES DU RAYON DAMES.

ET ICI, ÇA MARCHE?

COMME D'HABITUDE. MAIS CE N'EST PAS AUSSI PROPRE QUE DERRIÈRE TON COMPTOIR À PARFUMS, COMME TU VOIS.

OH! LA BELLE VOITURE!

ALLEZ, MONTE!

ELLE EST À TOI?

BIEN SÛR QUE NON, QU'EST-CE QUE TU CROIS? LE PATRON M'A DEMANDÉ DE LA RODER UN PEU. SON NOUVEAU PROPRIÉTAIRE VIENDRA LA CHERCHER DEMAIN.

MAIS ENTRE-TEMPS, À NOUS LES ROUTES DE LA CÔTE. AU FAIT, OÙ VA-T-ON?

À ST-JEAN-DE-LUZ.

AH! CHOUETTE!

SI TOUT VA BIEN, ON ARRIVERA À TEMPS POUR LA PARTIE DE PELOTE.

C'EST À QUELLE HEURE?

ÇA COMMENCE DANS 45 MINUTES EXACTEMENT, AU FRONTON DU PORT.

MOI, JE ME PROMÈNERAI SUR LA PLAGE PENDANT LA PARTIE ET JE VIENDRAI VERS LA FIN. ÇA M'ENNUIE UN PEU, LA PELOTE BASQUE.

COMME TU VOUDRAS.

3   Ecoutez, regardez et distinguez   BD

Formez deux groupes et posez des questions sur la B.D. :
sur les lieux, les heures, les personnes, leur identité, leur métier, leurs relations, leurs motivations,
sur la voiture, sur les comparaisons, les appartenances…
On verra à la fin l'équipe qui a posé le plus grand nombre de questions donnant lieu à une réponse.

4   Lisez et complétez

Si la voiture est à moi, je dis que c'est … voiture.
Si les voitures ne sont pas à …,
ils disent que ce ne sont pas … voitures.
Si c'est ton parfum, je dis qu'il est à …
Si la voiture appartient à Pierre,
on dit que c'est … voiture,
mais si elle appartient à Marie,
on dit que c'est … voiture.

Alors que le parfum de Marie, c'est … parfum.
Vos voitures sont … vous, évidemment.
Et … voitures, à …

■ Continuez

A tour de rôle, demandez à votre voisin
de compléter votre proposition à la manière
des phrases que vous venez de lire.

5   Ecoutez et repérez

D'après la conversation téléphonique que vous
entendez, faites le plan pour arriver à destination.

> **La suite dans les idées**
>
> Il suivait son idée. C'était une idée fixe,
> et il était surpris de ne pas avancer.
>
> Jacques Prévert, in *Choses et autres*,
> Gallimard, 1972.

> **Ma femme**
>
> Ma femme est d'une timidité ! …
> Moi aussi… je suis timide !
> Quand on s'est connus,
> ma femme et moi…
> on était tellement timides
> tous les deux…
> qu'on n'osait pas se regarder !
> Maintenant, on ne peut plus
> se voir !
>
> *Extrait d'un sketch de Devos*

- De quel sport parle chaque article ?
- Faites correspondre titres d'articles, articles et photos.

A

Le titre à quatre mains

Les Bruguera vont par deux. Sergi, le fils, joue ; Luis, le père, l'entraîne. Ils avaient le même rêve : que le fils gagne un jour à Roland-Garros. Récit d'une quête familiale.

I

D'un de nos envoyés spéciaux à Luxembourg

— Jean-Michel ROUET

MAIS de quoi est fait ce champion là? Là-bas, sur la chaussée de l'avenue de la Liberté, à Luxembourg, tous les autres sont blancs, cadavériques, ruinés par un effort total, le torse en feu, les jambes torturées. Et lui est là, sur l'estrade du mobilhome de presse, le teint halé, les traits saillants, les mâchoires serrées sur un rictus de bonheur. Il vient d'enrouler le 54X12, à plus de 49 de moyenne sur 65 kilomètres, et, maintenant, il ajuste des chaussettes propres, un pantalon de survêtement, fixe la casquette de sa marque, et regarde droit dans les yeux les journalistes. Pour tenter de leur expliquer l'inexplicable. Il n'y a en effet qu'une seule explication : Indurain est d'une autre chair, d'une autre classe, mais il est trop modeste pour le chanter sur les toits du Grand-Duché.

1

L'escrime française balaie tout sur son passage. Après Omnès au fleuret, c'est Srecki qui a décroché l'or à l'épée. Henry est en bronze, Jean-François Lamour aussi, au sabre. Et ce n'est pas fini !

Les lames de fond

II

LES lendemains de victoire sont difficiles pour les pères-entraîneurs. Dimanche, sur le central de Roland-Garros, Sergi Bruguera avait beaucoup couru. Hier, c'était au tour de son papa, Luis, de sillonner le hall de l'hôtel Concorde-Lafayette au petit trot, jaillissant d'une cabine téléphonique pour poser sur une photo exclusive, bondissant pour regrouper les bagages, tout en répondant à nos questions, sous le regard gentiment ironique de son épouse, Sylvia, licenciée en histoire.

2

B

C

Merci Le Guen !

Le capitaine parisien a donné une courte mais précieuse victoire à son équipe. Elle lui permet de côtoyer Bordeaux et Cannes en tête du championnat.

D'un de nos envoyés spéciaux aux Sables-d'Olonne

Patrick CHAPUIS

Il n'a rien négligé pour gagner des grammes. Partout. Son Fujicolor 3 pèse à peine plus de 11 tonnes pour 18,28 mètres de coque. Finalement, Loïck Peyron n'a fait qu'une seule concession sur le devis de poids : pour l'aménagement très «design» de son habitacle. Placage d'érable blanc autour de la table à cartes, alcantara bleu pour le plaisir des yeux. «Dix kilos de bonheur», dit Loïck, reconnaissant qu'il s'est accordé cette faveur d'un confort véritable.

«Je pouvais aller plus vite»

Miguel Indurain a réalisé un chrono stupéfiant. Il estime pourtant que son temps aurait été encore meilleur sous la chaleur.

ESCRIME

D'un de nos envoyés spéciaux à Barcelone

Sylvie JOSSE

Dans la tribune de presse, deux sémaphores agitent les bras, font des bonds, crient, exultent. Philippe Boisse et Philippe Riboud, tous deux consultants pour la télévision, explosent de joie. Le contraste avec la piste est saisissant. Eric Srecki, qui vient de porter la dernière touche, reste quasiment impassible. Il est champion olympique mais ne réalise absolument pas.

PEYRON AIME SON CONFORT

Les matchs du Parc des Princes se suivent et ne se ressemblent pas forcément pour un Paris Saint-Germain qui a beaucoup souffert, hier, devant une équipe lensoise rendue prudente par la récente et cuisante défaite subie sur ce même terrain par Auxerre. Un but, un seul but, obtenu par le capitaine Paul Le Guen sur une très belle frappe à distance, a sorti finalement les Parisiens d'un mauvais pas et leur permet de se porter en tête du classement.

Extraits du journal l'Equipe

A. D'après les documents, établissez une liste des principaux événements sportifs qui se déroulent en France et dites quels sont les principaux événements sportifs dans votre pays.

Préparez, par groupes, de courtes chroniques sportives concernant ces événements.

A partir des chroniques préparées, jouez les couples de chroniqueurs sportifs à la radio.

B. Reprenez votre magazine et ajoutez une rubrique sportive.

LEÇON 29

Révision

- Révision générale de grammaire et de conjugaison
- Révision des sons du français
- Préparer et jouer des scènes
- Construire des textes
- L'argent et les opérations financières

---

1 Regardez, écoutez et repérez 〔BD〕 📼

A. Trouvez les formes ou expressions qui signifient une obligation, une nécessité, un ordre ou une demande.

POUR VOUS AIDER : un chèque – une carte de crédit – un billet – une pièce de monnaie

B. Classez les formes trouvées et vérifiez votre classement ; vous devez avoir :

• des **impératifs** : *excusez-moi - partons d'ici ! attends-moi - attends un peu.*

• le verbe **falloir** : il faut nous apporter - il *faudra attendre.*

• le **futur** : *la robe attendra.*

• le verbe **vouloir** : *je ne veux plus te voir.*

• une **expression** : *sans salaire, pas de prêt.*

• le verbe **devoir**, dans la consigne : *vous devez avoir.*

C. Notez les termes liés à la banque et à l'argent. Complétez votre liste avec d'autres mots que vous connaissez.

---

2   Ecoutez, repérez et répondez 🔲

A. Ecoutez de nouveau, sans regarder la B.D.,
le dialogue qui se déroule à la banque. Puis,
à tour de rôle, posez des questions et répondez.

« Que dit… Que demande … Que répond …? »

« Il leur dit que … Il s'excuse… »

« Elle lui demande de … »

« Elle lui fait comprendre que …»

B. Notez les réponses aux questions posées.

A vous

A. A l'aide de ces notes, organisez les réponses sous
forme d'un court texte qui décrit l'action.

B. Complétez votre information en regardant
de nouveau la B.D. et en notant les éléments
qui vous manquent. Votre texte manquera
d'éléments de description de la scène :

les lieux, l'identité des personnages, la situation…
Notez tous ces éléments en regardant de nouveau
la B.D.

C. Complétez la rédaction de votre texte avec tous
les éléments notés.

3   Ecoutez les sons 🎵 🔲

■ *Ecoutez*

Ecoutez une première fois.

■ *Ecoutez et répétez*

Répétez le refrain. Ecoutez de nouveau et répétez
uniquement le refrain.

Entraînez-vous

A. A tour de rôle, chacun donne un mot qui évoque la nourriture ou les situations liées à la nourriture.

B. Notez tous les mots proposés et classez tous ces termes en différentes catégories : nom des repas, ustensiles, boissons ou aliments, légumes, fruits, …

C. Une fois tous ces mots classés, complétez les catégories en vous souvenant d'autres mots que vous connaissez.

D. Vérifiez votre classement en consultant le vocabulaire thématique.

---

5 Lisez, écoutez et repérez 📼

Comme pour l'activité 2, posez des questions sur le dialogue entre le garçon et le client et répondez.

■ *Parlez*

Jouez la scène.

L'ADDITION

LE CLIENT
Garçon, l'addition !

LE GARÇON
Voilà.
(*Il sort son crayon et note*)
Vous avez … deux œufs durs, un veau, un petit pois, une asperge, un fromage avec beurre, une amande verte, un café filtre, un téléphone.

LE CLIENT
Et puis des cigarettes !

LE GARÇON
(*Il commence à compter*)
C'est ça même… des cigarettes…
… Alors ça fait…

LE CLIENT
N'insistez pas, mon ami, c'est inutile, vous ne réussirez jamais.

LE GARÇON
!!!

LE CLIENT
On ne vous a donc pas appris à l'école que c'est ma-thé-ma-ti-que-ment impossible d'additionner des choses d'espèce différente !

LE GARÇON
!!!

LE CLIENT
(*Elevant la voix*)
Enfin, tout de même, de qui se moque-t-on ?… Il faut réellement être insensé pour oser essayer de tenter d' « additionner » un veau avec des cigarettes, des cigarettes avec un café filtre, un café filtre avec une amande verte et des œufs durs avec des petits pois, des petits pois avec un téléphone…
Pourquoi pas un petit pois avec un grand officier de la Légion d'Honneur, pendant que vous y êtes ! (*Il se lève*)
Non, mon ami, croyez-moi, n'insistez pas, ne vous fatiguez pas, ça ne donnerait rien, vous entendez, rien, absolument rien pas même le pourboire !
(*Et il sort en emportant le rond de serviette à titre gracieux.*)

Jacques Prévert, *in Histoires*, Gallimard 1963

A vous

Formez des groupes. Chaque groupe va préparer une journée touristique à Paris.

A. Préparez l' emploi du temps.
Servez-vous de tous les documents présentés ici.
Vous pouvez aussi trouver des éléments dans d'autres leçons : leçons 5, 6, 10, 11, 18, 21 ou 24.

B. Calculez l'argent que le touriste va dépenser.

C. Formez des groupes et partagez-vous les rôles : d'une part le touriste et d'autre part toutes les personnes qu'il va rencontrer.

D. Chaque groupe jouera ensuite les scènes préparées.

BIENVENUE

MERCI DE BIEN VOULOIR
PATIENTER

VEUILLEZ INTRODUIRE VOTRE CARTE
PLEASE INSERT YOUR CARD

LA BNP
QUAND VOUS VOULEZ
OU VOUS VOULEZ

COMPOSEZ VOTRE
CODE CONFIDENTIEL
A L'ABRI
DES REGARDS INDISCRETS

PUIS APPUYEZ SUR VALIDATION
EN CAS D'ERREUR CORRECTION

CHOISISSEZ OU COMPOSEZ
LE MONTANT DE VOTRE RETRAIT

FRF

PUIS APPUYEZ SUR VALIDATION
EN CAS D'ERREUR CORRECTION

VOUS AVEZ DEMANDE 100 FRF

VOTRE DEMANDE EST PRISE
EN COMPTE
VEUILLEZ PATIENTER

VEUILLEZ
PRENDRE LE(S) BILLET(S)

N'OUBLIEZ PAS VOTRE TICKET

1 2 3 4 5 6   142 F   255 F   496 F   888 F

Vente de coupons Carte Orange de 6h30

TARIFS TOURISTIQUES

PARIS ARTISTIQUE
(Notre-Dame + Musée du Louvre)
Excursion accompagnée par un guide-interprète diplômé.

Point de départ : 9h30, tous les jours, sauf mardi et dimanche.
Durée : 3h30 environ

Les visites guidées dans nos musées permettent à nos clients d'apprécier un ensemble de chefs-d'œuvre qu'ils ne pourraient découvrir qu'à grand-peine par eux-mêmes. En outre, les accords passés avec ces musées leur en facilitent l'accès et leur évitent souvent la longue file d'attente des clients individuels.

Cette excursion comprend la visite de Notre-Dame de Paris, chef d'œuvre gothique que Victor Hugo contribua à rendre universellement célèbre. Centrée sur trois œuvres mondialement connues (la Vénus de Milo, la Victoire de Samothrace et la Joconde), la visite du Louvre est une prise de contact avec le plus grand musée du monde qui a ouvert de nouvelles salles dans l'aile Richelieu en novembre 1993. Le visiteur pourra au passage découvrir la Pyramide de l'architecte Pei et un ensemble inégalé de réalisations majeures. Cette excursion est aussi assurée en japonais les lundi, mercredi et vendredi.

Montmartre
Excursion accompagnée par un guide-interprète diplômé.

Point de départ : 14h, mercredi et samedi
Durée : 3h30 environ

L'excursion commencera par un trajet en autocar jusqu'au sommet de la colline de Montmartre et permettra d'admirer au passage le Moulin Rouge, cher à Toulouse Lautrec. Ensuite une découverte pédestre du village de Montmartre inclura la Place du Tertre et des vues intéressantes sur le Moulin de la Galette et les fameuses vignes. Une visite du Musée Dali sera suivie d'une consommation dans l'une des auberges typiques où se réunissaient les peintres : c'est dans ses jardins, en 1866, que Van Gogh peignit "La Guinguette", aujourd'hui exposée au musée d'Orsay.

Extraits de Paris Vision

PARIS VISITE   CARTE N°
18307   1CL 5 JOURS ZONES
DU   1 à 5
AU

à la Villette
l'été
entrées gratuites
Villette in summer
PV5 15 01 A

LEÇON 30

Evaluation

- Parler des choses et des personnes
- Préparation des vacances et célébrations de l'été
- Discussion générale sur les pays et les gens
- Ecriture de textes libres

Regardez, écoutez et repérez

- Quel enregistrement correspond à quelle image ?
- Qui sont-ils ?
- Où vont-ils ?
- Comment voyagent-ils ?

2   Regardez et distinguez

• Quelles villes voyez-vous ? Quelles gares ? Quels aéroports ?

1

2

3

1. L'aéroport de Lyon Satolas. 2. La gare du Nord à Paris. 3. La gare Montparnasse à Paris. 4.Marseille : le port. 5. L'aéroport Roissy-Charles de Gaulle de Paris. 6. La gare de Lyon à Paris. 7. La gare de Nantes. 8. La gare Montparnasse. 9. La gare routière de la Porte de la Villette à Paris.

EN BREF : *Les aéroports de Roissy, au nord de Paris, et d'Orly au sud, se répartissent les vols internes et le monde entier. Les gares, par contre, desservent des zones géographiques précises. La gare Montparnasse dessert l'ouest (S.-O. et N.-O.). La gare de Lyon dessert le sud et le sud-est. La gare du Nord dessert le nord. La gare de l'Est dessert l'est. Les gares Saint-Lazare, Saint-Michel, d'Austerlitz desservent surtout les banlieues.*

Associez extraits de chansons et photos.

EN BREF : *Le 24 juin, pendant la nuit la plus longue qui marque le début de l'été, on fait la fête autour de feux. Le 14 juillet commémore la prise de la Bastille par le peuple de Paris, en 1789. Cet événement marque le début de la Révolution française.*

---

4 Lisez et réfléchissez

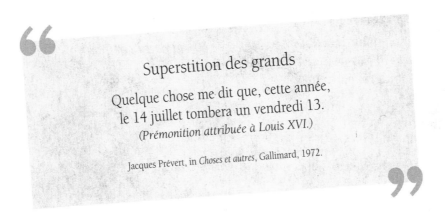

Superstition des grands

Quelque chose me dit que, cette année,
le 14 juillet tombera un vendredi 13.
(Prémonition attribuée à Louis XVI.)

Jacques Prévert, in *Choses et autres*, Gallimard, 1972.

A. Formez huit groupes. Chaque groupe travaillera sur les personnages représentés dans les neuf dessins des pages 180 et 181.

B. Présentez vos personnages et décrivez ce que vous savez de leur vie.

C. Discutez d'un groupe à l'autre pour comparer les personnages entre eux.

D. Racontez quelques événements qui peuvent concerner vos personnages.

■ *Ecrivez*

Préparez un court texte où vous décrivez ce qui vous a particulièrement intéressé en France :
les lieux, les habitudes, la langue, la cuisine, les chansons, les poèmes…
Ce texte pourra servir d'Editorial à votre magazine.

PRÉCIS GRAMMATICAL

I. L'interrogation et la négation

1   L'interrogation

■ *Quand on attend une réponse par oui ou non*

1. Intonation montante
2. Est-ce que… ?
3. Inversion du sujet

Nous sommes à Châtillon ?
Sommes-nous à Châtillon ?
Est-ce que nous sommes à Châtillon ?

■ *Quand on demande une information*

1. Si la réponse peut être brève :

qui ? – que ? – où ? – quand ? – combien ?

Qui est là ? – Que veux-tu ?
Où vas-tu ? – Quand viens-tu ?
Combien de fois ?

2. Si la réponse peut être toute une explication :

comment ? – pourquoi ?

Comment êtes-vous venue ? Pourquoi êtes-vous venue ?
La réponse à pourquoi… est **parce que…*

■ *Quand on demande*
un complément d'information

quel ? – quelle ? – quels ? – quelles ?

Quel âge as-tu ?
Quelle robe tu préfères ?
Quels livres tu vas acheter ?
Quelles robes veux-tu ?

2   La négation

la négation porte sur	question possible	termes négatifs
une phrase complète	… ?	ne… pas
un objet, une chose	quelque chose ?	ne… rien
	tout ? un… ?	ne… aucun…
	toute ? une… ?	ne… aucune…
une personne	quelqu'un ?	ne… personne
le temps	toujours / parfois ?	ne… jamais
le lieu	où ? partout ? quelque part ?	ne… nulle part

Tu viens demain ?   – *Non, je ne viens pas.*
Tu veux quelque chose ? – *Non, je ne veux rien.*
Tu vas lire un livre ?   – *Non, je ne vais lire aucun livre.*
Tu vois quelqu'un ?   – *Non, je ne vois personne.*
Il pleut toujours ici ?   – *Non, il ne pleut jamais.*
Où va cette route ?   – *Elle ne va nulle part.*

■ *Au passé composé*

$$\begin{Bmatrix} ne \\ n' \end{Bmatrix} + \text{auxiliaire} + \begin{Bmatrix} pas \\ plus \\ jamais \\ rien \end{Bmatrix} + \text{participe passé}$$

$$\begin{Bmatrix} ne \\ n' \end{Bmatrix} + \text{auxiliaire} + \text{participe passé} + \begin{Bmatrix} aucun… \\ personne \\ nulle part \end{Bmatrix}$$

Je n'ai pas écouté, je n'ai plus entendu, je n'ai jamais parlé et je n'ai rien fait.
Je n'ai acheté aucun livre, je n'ai rencontré personne, je n'ai trouvé le stylo nulle part.

3   Questions - Réponses brèves

■ *Quand la réponse est affirmative*

oui – bien sûr…

Tu viens ? – Bien sûr.

■ *Quand la réponse est affirmative,*
mais la question négative

si

Tu n'aimes pas ça ? – Si.

■ *Quand la réponse à une question est négative*

non – pas du tout
rien – personne…

Tu viens ? – Non.
Tu aimes ça ? – Pas du tout.

II. Les déterminants

1   L'identité est connue

■ *Articles définis*

le – la – l' – les

■ *Adjectifs démonstratifs*

ce – cet – cette – ces

■ *Adjectifs possessifs*

	masculin	féminin
singulier	mon – ton	ma – ta
	son	sa
	notre – votre – leur	
pluriel	mes – tes – ses	
	nos – vos – leurs	

- Pour un possesseur :

mon – ma – mes
ton – ta – tes
son – sa – ses

- Pour plusieurs possesseurs :

notre – nos
votre – vos
leur – leurs

– *Ce livre sur la table, c'est le livre de Pierre ?*
– *C'est son livre.*
– *Tu vois les photos sur la table ?*
– *Les photos de Pierre et de Marie ?*
– *Oui, leurs photos !*

2   L'identité n'est pas définie

	Vous comptez	Vous ne comptez pas
singulier	un une	du de la de l'
pluriel	deux, trois, quatre… des	

■ *Expression de la quantité*

Un (2, 3, 4…) litre(s) **de** lait
Un kilo **de** pommes
Une (2, 3, 4…) livre(s) **de** tomates
Beaucoup de beurre
Peu de beurre

Je veux un croissant, de la confiture, beaucoup de confiture et un peu de beurre.

3   Les contractions

de + le   = **du**
de + l'   = de l'
de + la   = de la
de + les = **des**

La rose du jeune homme est blanche et la rose de la jeune fille est rose. Les roses des dames sont rouges.

III. La présentation et la qualification

1   Les présentatifs

voici – voilà – c'est… – ce sont…
il y a… – il y avait…

Voilà (voici) vos résultats. C'est du beau travail. Ce sont de bons résultats. Il y avait peu d'erreurs.

III. La présentation et la qualification (suite)

2   La place des adjectifs

■ *Ils se placent généralement après le substantif*

■ *Certains adjectifs, parmi les plus courants et courts, se placent avant*

       long – grand – petit – gros – bon – mauvais – beau – joli – jeune…

C'est un animal étrange et sympathique, avec un long cou, une petite tête et de grandes pattes.

3   Les adverbes

Les adverbes qualifient l'action du verbe ou l'adjectif.

■ *Formation*

Ils sont généralement formés à partir d'un adjectif au féminin + « -ment ».

■ *Autres formes*

       vite – bien…

Il faut considérer la situation attentivement ; soyez donc attentif !
Il travaille vite et bien.

4   La comparaison

■ *Pour comparer deux éléments*

       plus… que… – moins… que… – aussi… que… – … comme…

■ *Pour comparer avec un seul élément*

(le ou les autres restent implicites)

       le / la / les plus…
       le / la / les moins…
       très – si

■ *Comparatifs irréguliers*

       bon → meilleur
       bien → mieux

Elle est plus aimable que lui ;
elle est ausi aimable que lui ;
elle est moins aimable que lui.
C'est la plus aimable (de toutes).

Ce fromage est bon, mais l'autre est vraiment meilleur.
Tu travailles bien mais tu pourrais travailler mieux.

Formation du féminin

Cas général :
Forme du masculin **+ e**

Autres cas :

	masculin	féminin
terminaisons	–e	**–e** (sans changement)
	–eux	**–euse**
	–er	**–ère**
	–n	**–nne**

Cas particuliers :
beau – belle
vieux – vieille

Il est jeune et heureux. C'est un boulanger parisien.
Sa femme est aussi boulangère et parisienne. Elle est, elle aussi, jeune et heureuse.

Formation du pluriel

Cas général :
Forme du singulier **+ s**

Autres cas :

	singulier	pluriel
terminaisons	s ou x	**s** ou **x** (sans changement)
	au, eau, eu	**+ x**
	al	**aux** (généralement)
	ou	**+ x** (parfois)

Cas particulier :
œil – yeux

Un fils – des fils
un journal – des journaux
un prix – des prix ;

un genou – des genoux
un château – des châteaux

IV. Les pronoms

1   Les pronoms personnels

■ *Sujets*

je – tu – il – elle – on
nous – vous – ils – elles

vous = une personne avec respect
= deux, trois, … personnes
on = il ou elle – ils ou elles – nous.
On se conjugue comme il et elle.

■ *Réfléchis (dans verbes pronominaux)*

me – te – se – nous – vous – se

■ *Complément indirect (pour des personnes)*
Ils remplacent une construction avec « à ».

me – te – lui
nous – vous – leur

■ *Toniques : seuls ou après préposition,
impératif ou « même »*

moi – toi – lui – elle – soi
nous – vous – eux – elles

*Vous viendrez chez moi avec elle ; cela me fera et lui
fera plaisir.*

V. L'obligation

1   Le mode impératif

Voir les conjugaisons de la page 192 à la page 195
Fais… Faisons… Faites…etc.

2   Formes impersonnelles

■ *Le verbe « falloir » + infinitif*
Il faut nous apporter à boire
Il faudra attendre cinq minutes

■ *Les verbes « interdire » ou « défendre »*
Il est interdit de fumer
Défense d'afficher
Il est défendu de défendre

3   Formes conjuguées

■ *Le verbe « vouloir » + infinitif*
Je ne veux plus te voir.

■ *Le futur*
La robe attendra.

■ *Le verbe « devoir » + infinitif*
Vous devez acheter un ticket de métro.

VI. Le lieu et le temps

1   L'expression du lieu

■ *Quand on précise le lieu*

devant – derrière – sous – sur – entre – en – par…

ETRE	ALLER
dans le / la / l' / les	**à** la / l'
	au
	aux
chez le / la / l' / les	

*Emile va chez l'épicier. A l'épicerie, il fait ses courses,
puis va à la boulangerie et au café.*

• **Pour situer :**

à droite – à gauche – tout droit – à côté
en face – près de – loin de…

• **Avec des pays et des villes :**

PAYS		VILLES
la - l'	**en**	
le	**au**	**à**
les	**aux**	

*Ils vont d'abord en Belgique et en Italie, puis ils iront
au Brésil et aux Etats-Unis et ensuite, ils reviendront à
Genève.*

■ *Quand le lieu dépend de la personne
qui parle*

ici – là – dedans – dehors – là-bas – partout…

2   L'expression du temps

■ *La date*

Le siècle : **au** XXème siècle
L'année : **en** 2001
La saison : **en** hiver / été / automne - **au** printemps
Le mois : **en** août - **au** mois d'août
Le jour : **le** 14 juillet
L'heure : **à** 21 heures

■ *L'heure*

Trois heures
Trois heures cinq
Trois heures dix
Trois heures et quart
Trois heures vingt
Trois heures vingt-cinq
Trois heures et demie

Quatre heures moins vingt-cinq
Quatre heures moins vingt
Quatre heures moins le quart
Quatre heures moins dix
Quatre heures moins cinq
Quatre heures

■ *Un moment*

**maintenant – aujourd'hui – hier
demain – avant – après…**

■ *La durée*

**pendant… ans / … heures / … mois
… jours / longtemps**

■ *La fréquence*

toujours – jamais – souvent – parfois…

*Hier, c'était le 25 janvier. Elle a lu pendant toute la journée, de 9 heures à 21 heures.
Elle lit souvent toute la journée.
Lui, il regarde toujours la télévision, mais, aujourd'hui, il lit un roman policier.
Ils ne vont jamais au cinéma.*

TABLEAUX DES CONJUGAISONS

	Présent	Impératif	Futur	Conditionnel	Imparfait	Passé Composé	Participe Passé
AUXILIAIRES							
ETRE	je suis tu es il est nous sommes vous êtes ils sont	Sois! Soyons! Soyez!	je serai tu seras il sera nous serons vous serez ils seront	je serais tu serais il serait nous serions vous seriez ils seraient	j'étais tu étais il était nous étions vous étiez ils étaient	j'ai été tu as été il a été nous avons été vous avez été ils ont été	été
AVOIR	j'ai tu as il a nous avons vous avez ils ont	Aie! Ayons! Ayez!	j'aurai tu auras il aura nous aurons vous aurez ils auront	j'aurais tu aurais il aurait nous aurions vous auriez ils auraient	j'avais tu avais il avait nous avions vous aviez ils avaient	j'ai eu tu as eu il a eu nous avons eu vous avez eu ils ont eu	eu
SEMI-AUXILIAIRES							
ALLER	je vais tu vas il va nous allons vous allez ils vont	Va! Allons! Allez!	j'irai tu iras il ira nous irons vous irez ils iront	j'irais tu irais il irait nous irions vous iriez ils iraient	j'allais tu allais il allait nous allions vous alliez ils allaient	je suis allé tu es allé il est allé nous sommes allés vous êtes allés ils sont allés	allé
VENIR	je viens tu viens il vient nous venons vous venez ils viennent	Viens! Venons! Venez!	je viendrai tu viendras il viendra nous viendrons vous viendrez ils viendront	je viendrais tu viendrais il viendrait nous viendrions vous viendriez ils viendraient	je venais tu venais il venait nous venions vous veniez ils venaient	je suis venu tu es venu il est venu nous sommes venus vous êtes venus ils sont venus	venu
DEVOIR	je dois tu dois il doit nous devons vous devez ils doivent		je devrai tu devras il devra nous devrons vous devrez ils devront	je devrais tu devrais il devrait nous devrions vous devriez ils devraient	je devais tu devais il devait nous devions vous deviez ils devaient	j'ai dû tu as dû il a dû nous avons dû vous avez dû ils ont dû	dû
POUVOIR	je peux tu peux il peut nous pouvons vous pouvez ils peuvent		je pourrai tu pourras il pourra nous pourrons vous pourrez ils pourront	je pourrais tu pourrais il pourrait nous pourrions vous pourriez ils pourraient	je pouvais tu pouvais il pouvait nous pouvions vous pouviez ils pouvaient	j'ai pu tu as pu il a pu nous avons pu vous avez pu ils ont pu	pu

	Présent	Impératif	Futur	Conditionnel	Imparfait	Passé Composé	Participe Passé
VOULOIR	je veux tu veux il veut nous voulons vous voulez ils veulent	Veuille! Veuillons! Veuillez!	je voudrai tu voudras il voudra nous voudrons vous voudrez ils voudront	je voudrais tu voudrais il voudrait nous voudrions vous voudriez ils voudraient	je voulais tu voulais il voulait nous voulions vous vouliez ils voulaient	j'ai voulu tu as voulu il a voulu nous avons voulu vous avez voulu ils ont voulu	voulu
FAIRE	je fais tu fais il fait nous faisons vous faites ils font	Fais! Faisons! Faites!	je ferai tu feras il fera nous ferons vous ferez ils feront	je ferais tu ferais il ferait nous ferions vous feriez ils feraient	je faisais tu faisais il faisait nous faisions vous faisiez ils faisaient	j'ai fait tu as fait il a fait nous avons fait vous avez fait ils ont fait	fait

VERBES TERMINÉS EN « -ER »

	Présent	Impératif	Futur	Conditionnel	Imparfait	Passé Composé	Participe Passé
TROUVER	je trouve tu trouves il trouve nous trouvons vous trouvez ils trouvent	Trouve! Trouvons! Trouvez!	je trouverai tu trouveras il trouvera nous trouverons vous trouverez ils trouveront	je trouverais tu trouverais il trouverait nous trouverions vous trouveriez ils trouveraient	je trouvais tu trouvais il trouvait nous trouvions vous trouviez ils trouvaient	j'ai trouvé tu as trouvé il a trouvé nous avons trouvé vous avez trouvé ils ont trouvé	trouvé

VERBES TERMINÉS EN « -IR »

	Présent	Impératif	Futur	Conditionnel	Imparfait	Passé Composé	Participe Passé
FINIR	je finis tu finis il finit nous finissons vous finissez ils finissent	Finis! Finissons! Finissez!	je finirai tu finiras il finira nous finirons vous finirez ils finiront	je finirais tu finirais il finirait nous finirions vous finiriez ils finiraient	je finissais tu finissais il finissait nous finissions vous finissiez ils finissaient	j'ai fini tu as fini il a fini nous avons fini vous avez fini ils ont fini	fini

AUTRES VERBES

	Présent	Impératif	Futur	Conditionnel	Imparfait	Passé Composé	Participe Passé
S'ASSEOIR	je m'assieds tu t'assieds il s'assied nous nous asseyons vous vous asseyez ils s'asseyent	Assieds-toi! Asseyons-nous! Asseyez-vous!	je m'assoirai tu t'assoiras il s'assoira n. n. assoirons v. v. assoirez ils s'assoiront	je m'assoirais tu t'assoirais il s'assoirait n.n. assoirions v.v. assoiriez ils s'assoiraient	je m'asseyais tu t'asseyais il s'asseyait n. n. asseyions v. v. asseyiez ils s'asseyaient	je me suis assis tu t'es assis il s'est assis n. n. sommes assis v. v. êtes assis ils se sont assis	assis
CONNAITRE	je connais tu connais il connaît nous connaissons vous connaissez ils connaissent	Connais! Connaissons! Connaissez!	je connaîtrai tu connaîtras il connaîtra nous connaîtrons vous connaîtrez ils connaîtront	je connaîtrais tu connaîtrais il connaîtrait nous connaîtrions vous connaîtriez ils connaîtraient	je connaissais tu connaissais il connaissait nous connaissions vous connaissiez ils connaissaient	j'ai connu tu as connu il a connu nous avons connu vous avez connu ils ont connu	connu

N. B. Le mode impératif a été présenté à côté du présent de l'indicatif pour une meilleure mémorisation des formes
La forme du participe passé a été présentée à la fin pour les mêmes raisons.

	Présent	Impératif	Futur	Conditionnel	Imparfait	Passé Composé	Participe Passé
C R O I R E	je crois tu crois il croit nous croyons vous croyez ils croient	Crois! Croyons! Croyez!	je croirai tu croiras il croira nous croirons vous croirez ils croiront	je croirais tu croirais il croirait nous croirions vous croiriez ils croiraient	je croyais tu croyais il croyait nous croyions vous croyiez ils croyaient	j'ai cru tu as cru il a cru nous avons cru vous avez cru ils ont cru	cru
D I R E	je dis tu dis il dit nous disons vous dites ils disent	Dis! Disons! Dites!	je dirai tu diras il dira nous dirons vous direz ils diront	je dirais tu dirais il dirait nous dirions vous diriez ils diraient	je disais tu disais il disait nous disions vous disiez ils disaient	j'ai dit tu as dit il a dit nous avons dit vous avez dit ils ont dit	dit
E N T E N D R E	j'entends tu entends il entend nous entendons vous entendez ils entendent	Entends! Entendons! Entendez!	j'entendrai tu entendras il entendra nous entendrons vous entendrez ils entendront	j'entendrais tu entendrais il entendrait nous entendrions vous entendriez ils entendraient	j'entendais tu entendais il entendait nous entendions vous entendiez ils entendaient	j'ai entendu tu as entendu il a entendu nous avons entendu vous avez entendu ils ont entendu	entendu
M E T T R E	je mets tu mets il met nous mettons vous mettez ils mettent	Mets! Mettons! Mettez!	je mettrai tu mettras il mettra nous mettrons vous mettrez ils mettront	je mettrais tu mettrais il mettrait nous mettrions vous mettriez ils mettraient	je mettais tu mettais il mettait nous mettions vous mettiez ils mettaient	j'ai mis tu as mis il a mis nous avons mis vous avez mis ils ont mis	mis
O U V R I R	j'ouvre tu ouvres il ouvre nous ouvrons vous ouvrez ils ouvrent	Ouvre! Ouvrons! Ouvrez!	j'ouvrirai tu ouvriras il ouvrira nous ouvrirons vous ouvrirez ils ouvriront	j'ouvrirais tu ouvrirais il ouvrirait nous ouvririons vous ouvririez ils ouvriraient	j'ouvrais tu ouvrais il ouvrait nous ouvrions vous ouvriez ils ouvraient	j'ai ouvert tu as ouvert il a ouvert nous avons ouvert vous avez ouvert ils ont ouvert	ouvert
P A R T I R	je pars tu pars il part nous partons vous partez ils partent	Pars! Partons! Partez!	je partirai tu partiras il partira nous partirons vous partirez ils partiront	je partirais tu partirais il partirait nous partirions vous partiriez ils partiraient	je partais tu partais il partait nous partions vous partiez ils partaient	je suis parti tu es parti il est parti nous sommes partis vous êtes partis ils sont partis	parti

	Présent	Impératif	Futur	Conditionnel	Imparfait	Passé Composé	Participe Passé
P R E N D R E	je prends tu prends il prend nous prenons vous prenez ils prennent	Prends! Prenons! Prenez!	je prendrai tu prendras il prendra nous prendrons vous prendrez ils prendront	je prendrais tu prendrais il prendrait nous prendrions vous prendriez ils prendraient	je prenais tu prenais il prenait nous prenions vous preniez ils prenaient	j'ai pris tu as pris il a pris nous avons pris vous avez pris ils ont pris	pris
R E P O N D R E	je réponds tu réponds il répond nous répondons vous répondez ils répondent	Réponds! Répondons! Répondez!	je répondrai tu répondras il répondra nous répondrons vous répondrez ils répondront	je répondrais tu répondrais il répondrait nous répondrions vous répondriez ils répondraient	je répondais tu répondais il répondait nous répondions vous répondiez ils répondaient	j'ai répondu tu as répondu il a répondu nous avons répondu vous avez répondu ils ont répondu	répondu
S A V O I R	je sais tu sais il sait nous savons vous savez ils savent	Sache! Sachons! Sachez!	je saurai tu sauras il saura nous saurons vous saurez ils sauront	je saurais tu saurais il saurait nous saurions vous sauriez ils sauraient	je savais tu savais il savait nous savions vous saviez ils savaient	j'ai su tu as su il a su nous avons su vous avez su ils ont su	su
S O R T I R	je sors tu sors il sort nous sortons vous sortez ils sortent	Sors! Sortons! Sortez!	je sortirai tu sortiras il sortira nous sortirons vous sortirez ils sortiront	je sortirais tu sortirais il sortirait nous sortirions vous sortiriez ils sortiraient	je sortais tu sortais il sortait nous sortions vous sortiez ils sortaient	je suis sorti tu es sorti il est sorti nous sommes sortis vous êtes sortis ils sont sortis	sorti
V E N D R E	je vends tu vends il vend nous vendons vous vendez ils vendent	Vends! Vendons! Vendez!	je vendrai tu vendras il vendra nous vendrons vous vendrez ils vendront	je vendrais tu vendrais il vendrait nous vendrions vous vendriez ils vendraient	je vendais tu vendais il vendait nous vendions vous vendiez ils vendaient	j'ai vendu tu as vendu il a vendu nous avons vendu vous avez vendu ils ont vendu	vendu
V O I R	je vois tu vois il voit nous voyons vous voyez ils voient	Vois! Voyons! Voyez!	je verrai tu verras il verra nous verrons vous verrez ils verront	je verrais tu verrais il verrait nous verrions vous verriez ils verraient	je voyais tu voyais il voyait nous voyions vous voyiez ils voyaient	j'ai vu tu as vu il a vu nous avons vu vous avez vu ils ont vu	vu

VOCABULAIRE THEMATIQUE

SOMMAIRE

IDENTITÉ ET ÉTAT — p.197

Verbes d'identité et d'état

Identité et état civil

Nationalités

Services administratifs

TEMPS ET LIEUX — p.197

Moment et durée
jours, mois, saisons, météo

Environnement
fleurs, arbres, animaux

La ville

Le logement
pièces, mobilier,
objets de la maison

Mouvement
actions avec déplacement

Le voyage
moyens de transport

LA PERSONNE, SON ETRE ET SES ACTIONS — p.198

Actions sur soi-même
verbes de changement

Le corps

Les choses de la personne
vêtements, accessoires

La nourriture
viandes et volailles,
poissons et crustacés,
fruits et légumes,
pain et produits laitiers,
desserts et gourmandises, ingrédients et condiments,
boissons, ustensiles, repas et restauration

Action dans son déroulement
actions sur les choses

Qualités physiques
couleurs

Activité professionnelle
métiers, commerçants,
travail

Services sociaux
santé, éducation

Loisirs collectifs
sports et jeux

SENSATION ET SENTIMENT — p.200

Verbes de sensation

Expression du sentiment ou de la volonté

Facultés, sentiments et sensations

Qualités de caractère

Expression individuelle et sociale
musique et spectacles,
art et culture

COMMUNICATION ET ÉCHANGES — p.201

Actions de communication

Actions sur les autres

Liens entre les individus
liens de parenté

Célébrations

Services collectifs
courrier, télécommunications, médias

Echanges dans la société
finances et commerces

IDENTITÉ ET ÉTAT

VERBES D'IDENTITÉ ET D'ÉTAT
appeler (s') v.
avoir v.
être v.
attendre v.
dormir v.
espérer v.
habiter v.

IDENTITÉ ET ÉTAT CIVIL
adresse n. f.
âge n. m.
carte d'identité n. f.
célibataire n.
dame n. f.
domicile n. m.
enfant n. m.
étranger n. m.
femme n. f.
fille n. f.
garçon n. m.
gens n. m.
homme n. m.
individu n. m.
jeune fille n. f.
jeune homme n. m.
madame n. f.
mademoiselle n. f.
marié(e) adj.
monsieur n. m.
naissance n. f.
nom n. m.
numéro n. m.
permis de conduire n. m.
personne n. f.
prénom n. m.
profession n. f.
sexe n. m.
veuf(ve) adj.

NATIONALITÉS
allemand(e) adj.
américain(e) adj.
anglais(e) adj.
argentin(e) adj.
belge adj.
canadien(ne) adj.

espagnol(e) adj.
français(e) adj.
grec(que) adj.
italien(ne) adj.
mexicain(ne) adj.
suédois(e) adj.
suisse adj.

SERVICES ADMINISTRATIFS
cabinet n. m.
document n. m.
dossier n. m.
en-tête n. f.
fiche n. f.
formulaire n. m.
impôt n. m.
loi n. m.
maire n. m.
mairie n. f.
municipal(e) adj.
papier n. m.
photocopie n. f.

POLICE
agent de police n. m.
gendarmerie n. f.
gendarme n. m.
préfecture n. f.

TEMPS ET LIEUX

MOMENT ET DURÉE
an n. m.
année n. f.
après-demain n. m.
après-midi n. m.
avenir n. m.
date n. f.
demain n. m.
heure n. f.
hier adv.
instant n. m.
jour n. m.
journée n. f.
lendemain n. m.
matin n. m.
matinée n. f.
midi n. m.
minuit n. m.
minute n. f.

mois n. m.
moment n. m.
nuit n. f.
saison n. f.
semaine n. f.
siècle n. m.
soir n. m.
soirée n. f.
week-end n. m.

• **jours**
lundi n. m.
mardi n. m.
mercredi n. m.
jeudi n. m.
vendredi n. m.
samedi n. m.
dimanche n. m.

• **mois**
janvier n. m.
février n. m.
mars n. m.
avril n. m.
mai n. m.
juin n. m.
juillet n. m.
août n. m.
septembre n. m.
octobre n. m.
novembre n. m.
décembre n. m.

• **saisons**
hiver n. m.
printemps n. m.
été n. m.
automne n. m.

• **météo**
bon(ne) adj.
brumeux(euse) adj.
chaleur n.
chaud(e) adj.
doux(ouce) adj.
frais(aîche) adj.
froid(e) adj.
mauvais(e) adj.
neige n.
orage n. m.
pluie n. f.
soleil n. m.
temps n. m.
vent n. m.

ENVIRONNEMENT
air n. m.
bois n. m.
campagne n. f.
champ n. m.
ciel n. m.
côte n. f.
eau n. f.
espace n. m.
étoile n. f.
fleuve n. m.
forêt n. f.
lac n. m.
lune n. f.
mer n. f.
monde n. m.
montagne n. f.
nord n. m.
pays n. m.
paysage n. m.
pelouse n. f.
peuple n. m.
plage n. f.
plantes n. f.
pont n. m.
port n. m.
pré n. m.
région n. f.
rivière n. f.
soleil n. m.
sommet n. m.
sud n. m.
village n. m.

• **fleurs**
chrysanthème n. m.
lys n. m.
muguet n. m.
rose n. f.
violette n. f.

• **arbres**
chêne n. m.
olivier n. m.
sapin n. m.

• **animaux**
abeille n. f.
agneau n. m.
bête n. f.
bœuf n. m.
chat n. m.
cheval n. m.
chèvre n. f.

chien n. m.
éléphant n. m.
fauve n. m.
félin n. m.
insecte n. m.
lapin n. m.
lièvre n. m.
lion n. m.
mouche n. f.
mouette n. f.
mouton n. m.
oiseau n. m.
poule n. f.
serpent n. m.
vache n. f.
veau n. m.

LA VILLE
arrondissement n. m.
banlieue n. f.
bâtiment n. m.
bruit n. m.
centre n. m.
château n. m.
église n. f.
ferme n. f.
foule n. f.
immeuble n. m.
maison n. f.
monument n. m.
palais n. m.
parking n. m.
pavillon n. m.
piéton n. m.
place n. f.
plan n. m.
pont n. m.
quartier n. m.
rue n. f.
silence n. m.
square n. m.
statue n. f.
trottoir n. m.

LE LOGEMENT
appartement n. m.
ascenseur n. m.
code n. m.
coin n. m.
concierge n.
confort n. m.
cour n. f.
désordre n. m.

électricité *n. f.*
étage *n. m.*
extérieur *n. m.*
fenêtre *n. f.*
feu *n. m.*
flamme *n. f.*
gazon *n. m.*
intérieur *n. m.*
interphone *n. m.*
jardin *n. m.*
locataire *n.*
loge *n. f.*
lumière *n. f.*
portail *n. m.*
porte *n. f.*
propriétaire *n.*
rez-de-chaussée *n. m.*
studio *n. m.*
terrasse *n. f.*
volet *n. m.*

• *pièces*
bureau *n. m.*
chambre *n. f.*
cuisine *n. f.*
entrée *n. f.*
salle à manger *n. f.*
salle de bains *n. f.*
sanitaires *n. m.*
séjour *n. m.*
toilettes *n. f.*

• *mobilier*
armoire *n. f.*
baignoire *n. f.*
bain *n. m.*
bibliothèque *n. f.*
buffet *n. m.*
bureau *n. m.*
chaise *n. f.*
cheminée *n. f.*
cuisinière *n. f.*
divan *n. m.*
douche *n. f.*
étagère *n. f.*
fauteuil *n. m.*
lavabo *n. m.*
lit *n. m.*
meuble *n. m.*
réfrigérateur *n. m.*
table *n. f.*
table de nuit *n. f.*

• *objets*
de la maison
album *n. m.*
bibelot *n. m.*
bougie *n. f.*
briquet *n. m.*
cadeau *n. m.*
clé *n. f.*
clou *n. m.*
couverture *n. f.*
horloge *n. f.*
lampe *n. f.*
miroir *n. m.*
pendule *n. f.*
portrait *n. m.*
poubelle *n. f.*
poupée *n. f.*
rideau *n. m.*
tableau *n. m.*
tapis *n. m.*

MOUVEMENTS

• *actions avec*
déplacement
aller *v.*
arrêter *v.*
arriver *v.*
entrer *v.*
monter *v.*
passer *v.*
partir *v.*
rester *v.*
revenir *v.*
sortir *v.*
tomber *v.*
venir *v.*

LE VOYAGE
aéroport *n. m.*
arrêt *n. m.*
arrivée *n. f.*
autoroute *n. f.*
bagages *n. m.*
carte *n. f.*
carte postale *n. f.*
chemin *n. m.*
chemins de fer *n. m.*
consigne *n. f.*
départ *n. m.*
embouteillage *n. m.*
entrée *n. f.*
étape *n. f.*
frontière *n. f.*

gare *n. f.*
hôtel *n. m.*
itinéraire *n. m.*
kilomètre *n. m.*
mètre *n. m.*
panneau *n. m.*
panne *n. f.*
passager *n. m.*
passeport *n. m.*
permis de conduire *n. m.*
procès-verbal (PV) *n. m.*
promenade *n. f.*
quai *n. m.*
route *n. f.*
sens *n. m.*
sortie *n. f.*
tourisme *n. m.*
tour *n. m.*
touriste *n.*
touristique *adj.*
valise *n. f.*
voyageur *n. m.*

• *moyens*
de transport
autobus *n. m.*
avion *n. m.*
bateau *n. m.*
bicyclette *n. f.*
car *n. m.*
chariot *n. m.*
conducteur *n. m.*
équipage *n. m.*
immatriculation *n. f.*
métro *n. m.*
moto *n. f.*
péniche *n. f.*
taxi *n. m.*
train *n. m.*
vélo *n. m.*
voiture *n. f.*

LA PERSONNE,
SON ETRE
ET SES ACTIONS

ACTIONS
SUR SOI-MEME
amuser (s') *v.*
approcher (s') *v.*
asseoir (s') *v.*
cacher (se) *v.*

coiffer (se) *v.*
coucher (se) *v.*
dépêcher (se) *v.*
déplacer (se) *v.*
ennuyer (s') *v.*
habiller (s') *v.*
installer (s') *v.*
laver (se) *v.*
lever (se) *v.*
maquiller (se) *v.*
peigner (se) *v.*
promener (se) *v.*
souvenir (se) *v.*

• *verbes de*
changement
tromper (se) *v.*
fâcher (se) *v.*
fatiguer (se) *v.*
grossir *v.*
inquiéter (s') *v.*
mourir *v.*
naître *v.*
reposer (se) *v.*
réveiller (se) *v.*
rougir *v.*

LE CORPS
bouche *n. f.*
bras *n. m.*
chair *n. f.*
cheveux *n. m.*
cœur *n. m.*
cou *n. m.*
crâne *n. m.*
doigt *n. m.*
dos *n. m.*
estomac *n. m.*
genou *n. m.*
jambe *n. f.*
langue *n. f.*
main *n. f.*
nez *n. m.*
œil *n. m.*
oreille *n. f.*
peau *n. f.*
pied *n. m.*
taille *n. f.*
tête *n. f.*
visage *n. m.*
voix *n. f.*
yeux *n. m.*

LES CHOSES DE
LA PERSONNE
• *vêtements*
bas *n. m.*
bermuda *n. m.*
blouson *n. m.*
chaussettes *n. f.*
chaussures *n. f.*
chemise *n. f.*
chemisier *n. m.*
complet *n. m.*
costume *n. m.*
culotte *n. f.*
imperméable *n. m.*
jupe *n. f.*
maillot de bain *n. m.*
manteau *n. m.*
pantalon *n. m.*
pull *n. m.*
robe *n. f.*
veste *n. f.*
veston *n. m.*

• *accessoires*
bouton *n. m.*
bretelles *n. f.*
ceinture *n. f.*
chaîne *n. f.*
chapeau *n. m.*
cravate *n. f.*
eau de toilette *n. f.*
gant *n. m.*
lunettes *n. f.*
montre *n. f.*
parfum *n. m.*
ruban *n. m.*
sac à main *n. m.*
savon *n. m.*
serviette *n. f.*

LA NOURRITURE
• *viandes et volailles*
agneau *n. m.*
bœuf *n. m.*
dinde *n. f.*
entrecôte *n. f.*
jambon *n. m.*
mouton *n. m.*
œuf *n. m.*
pâté *n. m.*
porc *n. m.*
poulet *n. m.*
saucisson *n. m.*
veau *n. m.*

- *poissons*
et crustacés
huître *n. f.*
lotte *n. f.*
saumon *n. m.*
sole *n. f.*
thon *n. m.*

- *fruits et légumes*
amande *n. f.*
artichaut *n. m.*
asperge *n. f.*
cerise *n. f.*
chou *n. m.*
crudités *n. f.*
haricot *n. m.*
melon *n. m.*
orange *n. f.*
patate *n. f.*
pêche *n. f.*
petits pois *n. m.*
poire *n. f.*
poireau *n. m.*
pomme *n. f.*
pomme de terre *n. f.*
radis *n. m.*
salade *n. f.*
salsifis *n. m.*
tomate *n. f.*

- *pain*
et produits laitiers
baguette *n. f.*
croissant *n. m.*
pain de campagne *n. m.*
tarte *n. f.*
pâte *n. f.*
beurre *n. m.*
crème *n. f.*
fromage *n. m.*
lait *n. m.*

- *desserts*
et gourmandises
bonbon *n. m.*
chocolat *n. m.*
confiture *n. f.*
crêpe *n. f.*
mousse *n. f.*
tarte *n. f.*

- *ingrédients*
et condiments
farine *n. f.*

moutarde *n. f.*
oignon *n. m.*
miel *n. m.*
poivre *n. m.*
sauce *n. f.*
sel *n. m.*
sucre *n. m.*
vinaigrette *n. f.*

- *boissons*
alcool *n. m.*
apéritif *n. m.*
café *n. m.*
eau *n. f.*
thé *n. m.*
vin *n. m.*

- *ustensiles*
biberon *n. m.*
boîte *n. f.*
cafetière *n. f.*
couteau *n. m.*
couverts *n. m.*
cuillère *n. f.*
filtre *n. m.*
fourchette *n. f.*
nappe *n. f.*
pichet *n. m.*
plateau *n. m.*
tasse *n. f.*
théière *n. f.*
verre *n. m.*

- *repas*
et restauration
appétit *n. m.*
bar *n. m.*
bistrot *n. m.*
brasserie *n. f.*
déjeuner *n. m.*
dîner *n. m.*
faim *n. f.*
goût *n. m.*
menu *n. m.*
petit déjeuner *n. m.*
restaurant *n. m.*
terrasse *n. f.*

ACTION DANS
SON
DÉROULEMENT
apprendre *v.*
boire *v.*
commencer *v.*

continuer *v.*
déjeuner *v.*
déménager *v.*
dessiner *v.*
dîner *v.*
écrire *v.*
étudier *v.*
faire *v.*
finir *v.*
lire *v.*
manger *v.*
marcher *v.*
pratiquer *v.*
prononcer *v.*
réussir *v.*
rouler *v.*
stationner *v.*
suivre *v.*
terminer *v.*
toucher *v.*
tourner *v.*
travailler *v.*
traverser *v.*
voler *v.*
voyager *v.*

- *actions*
sur les choses
acheter *v.*
casser *v.*
changer *v.*
chercher *v.*
choisir *v.*
comparer *v.*
compléter *v.*
compter *v.*
construire *v.*
décorer *v.*
décrire *v.*
dépenser *v.*
envoyer *v.*
essayer *v.*
fermer *v.*
former *v.*
frapper *v.*
gagner *v.*
garder *v.*
jeter *v.*
louer *v.*
mesurer *v.*
mettre *v.*
noter *v.*
organiser *v.*

oublier *v.*
ouvrir *v.*
perdre *v.*
porter *v.*
poser *v.*
poster *v.*
préférer *v.*
prendre *v.*
préparer *v.*
rendre *v.*
réserver *v.*
séparer *v.*
servir *v.*
tenir *v.*
trouver *v.*
utiliser *v.*
vendre *v.*

QUALITÉS
PHYSIQUES
ancien(ne) *adj.*
athlétique *adj.*
aveugle *adj.*
beau(elle) *adj.*
bon(ne) *adj.*
clair(e) *adj.*
court(e) *adj.*
énorme *adj.*
entier(ère) *adj.*
exact(e) *adj.*
excellent(e) *adj.*
faux(sse) *adj.*
fort(e) *adj.*
général(e) *adj.*
grand(e) *adj.*
gras(se) *adj.*
grave *adj.*
gros(sse) *adj.*
haut(e) *adj.*
humide *adj.*
immédiat(e) *adj.*
immense *adj.*
jeune *adj.*
joli(e) *adj.*
léger(ère) *adj.*
long(ue) *adj.*
lourd(e) *adj.*
maigre *adj.*
majestueux(se) *adj.*
mauvais(e) *adj.*
monstrueux(se) *adj.*
muet(te) *adj.*
neuf(ve) *adj.*

normal(e) *adj.*
nouveau(lle) *adj.*
obscur(e) *adj.*
particulier(ère) *adj.*
passionnant(e) *adj.*
petit(e) *adj.*
plat(e) *adj.*
plein(e) *adj.*
pur(e) *adj.*
rare *adj.*
rond(e) *adj.*
sombre *adj.*
sourd(e) *adj.*
supérieur(e) *adj.*
unique *adj.*
vide *adj.*
vieux(ieille) *adj.*

- *couleurs*
blanc (che) *adj.*
bleu(e) *adj.*
blond(e) *adj.*
brun(e) *adj.*
doré(e) *adj.*
gris(e) *adj.*
jaune *adj.*
noir(e) *adj.*
rose *adj.*
rouge *adj.*
vert(e) *adj.*

ACTIVITÉ
PROFESSIONNELLE

- *métiers*
agriculteur *n. m.*
avocat(e) *n.*
berger(ère) *n.*
cadre (supérieur) *n. m.*
concierge *n.*
docteur *n. m.*
facteur *n. m.*
ingénieur *n. m.*
journaliste *n.*
maçon *n. m.*
maître *n. m.*
médecin *n. m.*
modèle *n. m.*
officier *n. m.*
ouvrier *n. m.*
peintre *n. m.*
photographe *n.*
professeur *n. m.*
représentant

commercial *n. m.*
secrétaire *n.*
spécialiste *n.*

• *commerçants*
bijoutier(ère) *n.*
boulanger(ère) *n.*
bouquiniste *n.*
confiseur *n. m.*
épicier(ère) *n.*
libraire *n.*
marchand(e) *n.*
pâtissier(ère) *n.*
pharmacien(ne) *n.*
vendeur(se) *n.*

• *travail*
boulot *n. m.*
chômage *n. m.*
congé *n. m.*
grève *n. f.*
licenciement *n. m.*
patron *n. m.*
retraite *n. f.*
retraité(e) *n.*
salaire *n. m.*
vacances *n. f.*

SERVICES SOCIAUX

• *santé*
clinique *n. f.*
docteur *n. m.*
douloureux *adj.*
fièvre *n. f.*
hôpital *n. m.*
infirmière *n. f.*
mal *n. m.*
malade *n.*
médecin *n. m.*
médicament *n. m.*
opération *n. f.*
pharmacie *n. f.*
sécurité sociale *n. f.*
spécialiste *n. m.*
symptôme *n. m.*
urgence *n. f.*

• *éducation*
cahier *n. m.*
cartable *n. m.*
collège *n. m.*
cours *n. m.*
craie *n. f.*
crayon *n. m.*

devoir *n. m.*
dictionnaire *n. m.*
école *n. f.*
études *n. f.*
étudiant(e) *n.*
examen *n. m.*
faculté *n. f.*
gomme *n. f.*
instruction *n. f.*
leçon *n. f.*
lycée *n. m.*
maître *n. m.*
méthode *n. f.*
professeur *n. m.*
salle de classe *n. f.*
stylo *n. m.*
université *n. f.*

LOISIRS COLLECTIFS

• *sports et jeux*
but *n. m.*
champion(ne) *n.*
championnat *n. m.*
chance *n. f.*
concours *n. m.*
concurrent(e) *n.*
course *n. f.*
équipe *n. f.*
foot *n. m.*
fronton *n. m.*
hasard *n. m.*
hippodrome *n. m.*
loto *n. m.*
pelote *n. f.*
pronostic *n. m.*
rugby *n. m.*
skieur(euse) *n.*
ski *n. m.*
sportif(ve) *adj.*
tennis *n. m.*
tiercé *n. m.*
vainqueur *n. m.*

SENSATION ET SENTIMENT

VERBES DE SENSATION
croire *v.*
désirer *v.*
devoir *v.*
entendre *v.*

imaginer *v.*
penser *v.*
pouvoir *v.*
savoir *v.*
sentir *v.*
souhaiter *v.*
voir *v.*
vouloir *v.*

EXPRESSION DU SENTIMENT OU DE LA VOLONTÉ
adorer *v.*
aimer *v.*
chanter *v.*
crier *v.*
danser *v.*
décider *v.*
détester *v.*
essayer *v.*
exagérer *v.*
observer *v.*
pleurer *v.*
regarder *v.*
regretter *v.*
remarquer *v.*
respecter *v.*
rire *v.*
sourire *v.*

FACULTÉS, SENTIMENTS ET SENSATIONS
assurance *n. f.*
bonheur *n. m.*
chagrin *n. m.*
courage *n. m.*
danger *n. m.*
difficulté *n. f.*
dommage *n. m.*
enthousiasme *n. m.*
envie *n. f.*
faim *n. f.*
force *n. f.*
horreur *n. f.*
humeur *n. f.*
importance *n. f.*
inquiétude *n. f.*
intelligence *n. f.*
intérêt *n. m.*
joie *n. f.*
langage *n. m.*
liberté *n. f.*
malheur *n. m.*

optimisme *n. m.*
peine *n. f.*
pessimisme *n. m.*
peur *n. f.*
plaisir *n. m.*
problème *n. m.*
puissance *n. f.*
raison *n. f.*
satisfaction *n. f.*
soif *n. f.*
solitude *n. f.*
sommeil *n. m.*
superstition *n. f.*
timidité *n. f.*
tourment *n. m.*
vérité *n. f.*
vie *n. f.*

QUALITÉS DE CARACTERE
agréable *adj.*
amical(e) *adj.*
bon(ne) *adj.*
brusque *adj.*
calme *adj.*
charmant(e) *adj.*
content(e) *adj.*
courageux(euse) *adj.*
discret(ète) *adj.*
doux(ce) *adj.*
drôle *adj.*
dur(e) *adj.*
élégant(e) *adj.*
enthousiaste *adj.*
fort(e) *adj.*
fou(lle) *adj.*
gai(e) *adj.*
gentil(le) *adj.*
gracieux(se) *adj.*
heureux(euse) *adj.*
idiot(e) *adj.*
impatient(e) *adj.*
imprudent(e) *adj.*
inquiet(ète) *adj.*
intelligent(e) *adj.*
juste *adj.*
lent(e) *adj.*
libre *adj.*
malheureux(euse) *adj.*
nul(le) *adj.*
optimiste *adj.*
parfait(e) *adj.*
pessimiste *adj.*

propre *adj.*
puissant(e) *adj.*
raisonnable *adj.*
rapide *adj.*
ridicule *adj.*
satisfait(e) *adj.*
seul(e) *adj.*
sévère *adj.*
sexy *adj.*
simple *adj.*
solide *adj.*
souple *adj.*
sûr(e) *adj.*
sympathique *adj.*
têtu(e) *adj.*
timide *adj.*
tranquille *adj.*
vif(ve) *adj.*
vivant(e) *adj.*

EXPRESSION INDIVIDUELLE ET SOCIALE

• *musique et spectacles*
accordéon *n. m.*
acteur(trice) *n.*
appareil photo *n. m.*
artiste *n.*
caméra *n. f.*
cassette *n. f.*
chanson *n. f.*
cinéma *n. m.*
danse *n. f.*
disque *n. m.*
film *n. m.*
metteur en scène *n. m.*
piano *n. m.*
photo *n. f.*
producteur *n. m.*
public *n. m.*
queue *n. f.*
refrain *n. m.*
rôle *n. m.*
scène *n. f.*
sketch *n. m.*
théâtre *n. m.*
vedette *n. f.*
violon *n. m.*

• *art et culture*
bibliothèque *n. f.*
culturel(le) *adj.*

histoire *n. f.*
historique *adj.*
idée *n. f.*
littérature *n. f.*
livre *n. m.*
page *n. f.*
personnage *n. m.*
poème *n. m.*
texte *n. m.*
thème *n. m.*
titre *n. m.*
vers *n. m.*

COMMUNICA-TION ET ÉCHANGES

ACTIONS DE COMMUNICATION

affirmer *v.*
annoncer *v.*
communiquer *v.*
confirmer *v.*
connaître *v.*
conseiller *v.*
demander *v.*
dialoguer *v.*
dicter *v.*
dire *v.*
discuter *v.*
écouter *v.*
excuser (s') *v.*
expliquer *v.*
indiquer *v.*
insister *v.*
interdire *v.*
interroger *v.*
inviter *v.*
mentir *v.*
offrir *v.*
ordonner *v.*
parler *v.*
permettre *v.*
présenter *v.*
prier *v.*
proposer *v.*
questionner *v.*
raconter *v.*
rappeler *v.*
remercier *v.*
renseigner *v.*
répondre *v.*

saluer *v.*
suggérer *v.*
téléphoner *v.*

ACTIONS SUR LES AUTRES

abandonner *v.*
accompagner *v.*
aider *v.*
battre *v.*
blesser *v.*
diriger *v.*
donner *v.*
élever *v.*
emmener *v.*
employer *v.*
épouser *v.*
guider *v.*
laisser *v.*
marier (se) *v.*
montrer *v.*
moquer (se) *v.*
obliger *v.*
payer *v.*
protéger *v.*
provoquer *v.*
quitter *v.*
recevoir *v.*
remplacer *v.*
rencontrer *v.*
soigner *v.*
torturer *v.*
visiter *v.*
voler *v.*

LIENS ENTRE LES INDIVIDUS

amitié *n. f.*
ami(e) *n.*
bienvenue *n. f.*
bonjour *n. m.*
camarade *n.*
chéri(e) *adj.*
collègue *n.*
compagne *n. f.*
complice *n.*
confiance *n. f.*
copain(ine) *n.*
couple *n. m.*
débat *n. m.*
ensemble *n. m.*
entretien *n. m.*
famille *n. f.*
fiançailles *n. f.*

fiancé(e) *n.*
menace *n. f.*
merci *n.*
pardon *n. m.*
politesse *n. f.*
ressemblance *n. f.*
union *n. f.*
victime *n. f.*

• liens de parenté

beaux-parents *n. m.*
belle-sœur *n. f.*
cousin(e) *n.*
familial(e) *adj.*
famille *n. f.*
femme *n. f.*
fille *n. f.*
fils *n. m.*
frère *n. m.*
grand-mère *n. f.*
grand-père *n. m.*
grands-parents *n. m.*
maman *n. f.*
mari *n. m.*
mémé *n. f.*
mère *n. f.*
neveu *n. m.*
nièce *n. f.*
oncle *n. m.*
parent *n. m.*
papa *n. m.*
pépé *n. m.*
père *n. m.*
petit-fils *n. m.*
petite-fille *n. f.*
sœur *n. f.*
tante *n. f.*

CÉLÉBRATIONS

anniversaire *n. m.*
baptême *n. m.*
carnaval *n. m.*
condoléances *n. f.*
coutume *n. f.*
fête *n. f.*
habitude *n. f.*
mariage *n. m.*
populaire *adj.*
réveillon *n. m.*
rite *n. m.*
tradition *n. f.*

SERVICES COLLECTIFS

• courrier

enveloppe *n. f.*
facteur *n. m.*
lettre *n. f.*
postal(e) *adj.*
poste *n. f.*
télégramme *n. m.*
timbre *n. m.*

• télécommunications

cabine *n. f.*
fax *n. m.*
indicatif *n. m.*
ligne *n. f.*
message *n. m.*
minitel *n. m.*
signal *n. m.*
téléphone *n. m.*

• médias

actualité *n. f.*
article *n. m.*
chronique *n. f.*
critique *n. f.*
émission *n. f.*
événement *n. m.*
horoscope *n. m.*
information *n. f.*
journal *n. m.*
journaliste *n. m.*
kiosque *n.*
logo *n. m.*
magazine *n. m.*
nouvelle *n. f.*
opinion *n. f.*
petites annonces *n. f.*
programme *n. m.*
publicitaire *adj.*
publicité *n. f.*
quotidien *n. m.*
radio *n. f.*
reportage *n. m.*
rubrique *n. f.*
slogan *n. m.*
télé *n. f.*

ECHANGES DANS LA SOCIÉTÉ

• finances

affaire *n. f.*
argent *n. m.*

banque *n. f.*
billet *n. m.*
bourse *n. f.*
change *n. m.*
chèque *n. m.*
cher(ère) *adj.*
contrat *n. m.*
crédit *n. m.*
distributeur *n. m.*
économie *n. f.*
économique *adj.*
économiste *n.*
entreprise *n. f.*
facture *n. f.*
financier(ère) *adj.*
franc *n. m.*
guichet *n. m.*
industriel(le) *adj.*
lingot *n. m.*
monnaie *n. f.*
opération *n. f.*
or *n. m.*
pourboire *n. m.*
prix *n. m.*
société *n. f.*
somme *n. f.*
sou *n. m.*
succursale *n. f.*
trésor *n. m.*
usine *n. f.*

• commerces

achats *n. m.*
bijouterie *n. f.*
boulangerie *n. f.*
clientèle *n. f.*
concessionnaire *n. m.*
confiserie *n. f.*
courses *n. f.*
crèmerie *n. f.*
échantillon *n. m.*
épicerie *n. f.*
grand magasin *n. m.*
librairie *n. f.*
magasin *n. m.*
marché *n. m.*
marché aux puces *n. m.*
pâtisserie *n. f.*
produit *n. m.*
rayon *n. m.*
supermarché *n. m.*
tabac *n. m.*
vitrine *n. f.*

Première partie / SECTION I

	DOMAINE DES COMPETENCES					DOMAINE DES PERFORMANCES	
	Connaissance du français			Connaissance de la France			
	GRAMMAIRE	CONJUGAISON	PHONÉTIQUE	VOCABULAIRE	CIVILISATION	ORAL	ECRIT
LEÇON 1 Page 6	• Présentatif «voilà» • Articles indéfinis singuliers.	• Impératif des verbes usuels de la classe.	• Sensibilisation à l'intonation du français.	• Nationalités, noms, prénoms, …	• Identité (carte d'identité, passeport, permis de conduire, …)	• Présenter des objets, se présenter et saluer.	• Remplir des fiches d'identité.
LEÇON 2 Page 12	• Construction avec verbe « être » + attribut. • Formes affirmative, négative (ne…pas) et interrogative (intonation et «est-ce que …?»). • Sensibilisation aux partitifs. • Pronoms sujets. • Genres et nombres.	• Verbe «être» au présent.	• Différences d'intonation entre affirmation et interrogation. • Labiales [b-p-m] avec voyelles simples [a-e-o-u].	• Adjectifs de description et quelques termes de nourriture.	• Commerces (magasins d'alimentation, boulangerie, crèmerie, …).	• Se décrire et décrire les autres.	• Construire des phrases.
LEÇON 3 Page 18	• Présentatif «c'est un…», «c'est une …». • Interrogation avec «qu'est-ce que c'est ?», «combien ?». • Construction «il y a…» + quantité. • Article indéfini pluriel et nombres cardinaux. • Partitifs. • Introduction du pronom «on».	• Verbes du 1er groupe au présent et à l'impératif.	• Voyelles [ɔ-ɛ], nasales [ɔ̃-ɑ̃] et [p-b-m] consonnes labiales.	• Suite de la nourriture, vaisselle.	• Argent (le franc, billets et pièces de monnaie).	• Demander et calculer des prix.	•Etablir des inventaires.
LEÇON 4 Page 24	• Expression du lieu avec «dans» et «sur». • Articles définis. Interrogation avec «où est…», «qui» + verbe. • Constr. «être» + lieu. • Constr. «avoir» + un/ une/ des…/ faim / sommeil… • Intensification avec «très». • Expressions de la cause avec «pourquoi ?» / «parce que…»	• Verbe «avoir» au présent.	• Dentales [d-t-n] et [l] avec voyelles [e-i-y].	• Pièces, meubles et objets de la maison.	• Logement (intérieurs et styles).	• Décrire et faire visiter une maison.	• Construire des phrases simples de description de lieux.
LEÇON 5 Page 30	• Evaluation de 1, 2, 3, 4.	• Evaluation de 1, 2, 3, 4.	• Révision de l'intonation •Labiales et dentales avec voyelles [o-u].	• Les mois et les saisons.	• Culture traditionnelle et régionale : fêtes ou célébrations d'automne.	• Présenter et se présenter, saluer en arrivant et en partant, commander dans un café.	• Décrire une scène avec des phrases simples.

	DOMAINE DES COMPETENCES					DOMAINE DES PERFORMANCES	
	Connaissance du français			Connaissance de la France			
	GRAMMAIRE	CONJUGAISON	PHONÉTIQUE	VOCABULAIRE	CIVILISATION	ORAL	ECRIT
LEÇON 6 Page 36	Révision complète de la Section I						
LEÇON 7 Page 42	• Contraction « à + le » • Constr. «aller à» +nom propre/l'/la/au/chez • Interrogation avec «qui est-ce ?» • Négation avec «personne» et réponses avec «quelqu'un» • Emploi de «on»	• Verbe «aller» au présent et à l'impératif • Formation du futur proche	• [ə]français et nasale [ɑ̃]	• Les métiers • Les jours de la semaine	• Travail (secteurs de travail liés au commerce)	• Dire où on est et où on va	• Reproduction par imitation de petites annonces d'emploi
LEÇON 8 Page 48	• Interrogation avec «quand… ?», «quelle heure est-il ?» • Expression de l'heure, la date et «aujourd'hui /hier/demain»	• Verbe «venir», présent et impératif	• Labio-dentales[f-v] et distinction [b-v]	• Lieux de travail et suite des métiers	• Heures de repas, horaires de travail, heures de pointe	• Fixer des rendez-vous, laisser des messages téléphoniques simples	• Sensibilisa-tion par reconnaissance à l'écriture des lettres commerciales et aux formules de politesse
LEÇON 9 Page 54	• Contraction « de+le » • Préposition + villes ou pays • Interrogation avec «comment… ?» • Négation avec «ne…rien» et réponse avec «quelque chose» •Adverbes de manière «vite», «lentement»	• Verbe «vouloir» et «faire» au présent + conditionnel de politesse 1ere personne	•[œ-ø]avec opposition [f-v]	• Lieux, paysages, climats	• Géographie (présentation de la France, sa situation dans le monde, quelques données géophysiques et climatiques)	• Dire ce qu'on veut	• Rédiger des lettres simples pour confirmer un rendez-vous
LEÇON 10 Page 60	• Evaluation de 7, 8, 9	• Evaluation de 7, 8, 9	• Evaluation de 7,8,9	• La ville et la rue	• Fêtes et célébrations de fin d'année	• Chercher son chemin et expliquer des directions	• Début de rédaction de description d'une situation

	DOMAINE DES COMPETENCES					DOMAINE DES PERFORMANCES	
	Connaissance du français			Connaissance de la France			
	GRAMMAIRE	CONJUGAISON	PHONÉTIQUE	VOCABULAIRE	CIVILISATION	ORAL	ECRIT
LEÇON 11 Page 66	• Révision des formes de négation et d'interrogation, des accords de genre, de nombre et de personne et de l'expression du moment présent (leçons 2, 3 et 8)			• La ville et ses monuments	• Paris et son habitat	• Interroger et répondre pour dire qui, où, quand et pourquoi	• Suite de l'apprentissage des textes décrivant une scène
LEÇON 12 Page 72	• Révision de la localisation dans l'espace et des verbes auxiliaires et semi-auxiliaires (leçons 4, 7 et 9)			• Termes de qualification et de description • Voyages	• villes de province : quelques monuments et églises	• Décrire des personnes	• Rédaction par imitation de petites annonces, relations ou emploi
LEÇON 13 Page 78	• Déterminants démonstratifs • Suite de l'interrogation avec «quel/quelle quels/quelles» • Discours indirect avec «dire que …» et «voir que …»	• Verbes «voir» et «dire» au présent • Futur simple des verbes du 1er groupe et sensibilisation au conditionnel	• [g-k-ʀ]et groupements consonantiques [gr-pr-bl...]	• Le corps humain	• Santé (pharmacies, hôpitaux et cliniques)	• Introduction au discours indirect et au récit	• Rédaction de fiches descriptives
LEÇON 14 Page 84	• Déterminants possessifs • Pronoms réfléchis et pronoms toniques après préposition • Négation avec «ne…personne/aucun» • «vouloir» et «pouvoir» + infinitif	• Verbe «pouvoir» au présent • Verbes pronominaux au présent	• Voyelles aiguës, orale et nasale [i-ɛ̃]	• Termes de parenté	• Famille (mariage, natalité, …)	• Présenter sa famille	• Construire des devinettes
LEÇON 15 Page 90	Evaluation de 13 et 14	• Evaluation de 13 et 14 • Conditionnel	• Groupements consonantiques et révision des voyelles étudiées	• Ski et montagne	• Fêtes et coutumes liées à la fin de l'hiver	• Rapporter ce qu'on dit et ce qu'on voit	• Rédiger des instructions par imitation, recette de cuisine

Deuxième partie / SECTION IV

	DOMAINE DES COMPETENCES					DOMAINE DES PERFORMANCES	
	Connaissance du français			Connaissance de la France			
	GRAMMAIRE	CONJUGAISON	PHONÉTIQUE	VOCABULAIRE	CIVILISATION	ORAL	ECRIT
LEÇON 16 Page 96	• Révision de l'emploi des déterminants, de la définition de l'identité et de la localisation dans l'espace (leçons 2, 4, 13 et 14)	• Révision des nasales et [ŋ]	• Différence [y–u]	• Les animaux, les arbres et les fleurs	• La campagne et la vie au grand air opposées à la ville	• Dire ce qu'on préfère	• Description à partir d'annonces immobilières
LEÇON 17 Page 102	• Pronoms «lui» et «leur» • Expression de l'obligation avec «il faut» + infinitif • Expression de la fréquence avec «toujours, quelquefois, souvent, encore, parfois» • Négation avec «ne plus» et «ne jamais» • Style indirect avec «dire /demander de...»	• Imparfait de «être», «avoir» et des verbes du 1er groupe • Révision des verbes du 1er groupe et formation de leur participe passé • Passé composé avec l'auxiliaire «avoir»	• Différence [y–u] • Différence entre les voyelles nasales et la voyelle orale +[n]finale	• Termes liés aux sorties et aux loisirs	• Loisirs (sorties, bars, bistrots, spectacles, journaux spécialisés, ...)	• Donner des ordres ou des instructions • Raconter (suite)	• Début de rédaction pour écrire un état passé
LEÇON 18 Page 108	• Comparaison de qualité • Style indirect avec «répondre que» et «demander si» • Durée avec «pendant/toute la» ou quantité de temps • Révision de l'appartenance	• Révision de l'imparfait des verbes du 1er groupe et du verbe «aller» • Passé composé des verbes pronominaux	• Différence sourde/sonore [s–z]	• Termes liés aux transports urbains	• Transports (métro, bus, trains, avions,)	• Faire des comparaisons, physiques et de façons d'être • Raconter des faits passés	• Description d'états et d'actions passés
LEÇON 19 Page 114	• Constructions «il y avait...», «c'était...», suivies de l'imparfait, et «un jour...» suivie du passé composé (emploi distinctif au passé) • Expression et interrogation sur l'heure, la date et le moment	• Verbes du 2e groupe au présent, à l'impératif, à l'imparfait, au passé composé, au futur et au conditionnel • Participes passés des verbes du 2ème groupe • Passé composé des verbes de mouvement	• Suite différence sourde/sonore [s–z]	• Services publics	• Education (système éducatif, gratuité, étapes de scolarité)	• Décrire des personnes et des faits	• Description de l'action liée à des lieux décrits : rédaction de courts récits
LEÇON 20 Page 120	• Evaluation de 9, 17, 18 et 19	• Evaluation de 9, 17, 18 et 19	• Evaluation	• Loisirs et jeux de hasard	• Célébrations et rites liés à la vie scolaire, Pâques	• Situer des événements dans le temps et dans l'espace	• Présenter un thème ou une coutume

	DOMAINE DES COMPETENCES					DOMAINE DES PERFORMANCES	
	Connaissance du français			Connaissance de la France			
	GRAMMAIRE	CONJUGAISON	PHONÉTIQUE	VOCABULAIRE	CIVILISATION	ORAL	ECRIT
LEÇON 21 Page 126	• Révision de l'identification et de la définition des personnes et des objets et de l'emploi du style indirect (leçons 13, 14 et 17)			• Les vêtements et accessoires	• Commerces (grands magasins, marchés aux puces, moyennes et grandes surfaces, centres commerciaux)	• Exprimer ses choix, par exemple en achetant	• Sensibilisation à l'écriture littéraire par la lecture
LEÇON 22 Page 132	• Suite de la révision de la définition, de l'identification et du discours indirect (leçons 2, 18 et 19)			• Termes de description d'états et de situations	• Services (poste, téléphone, cabines, minitel)	• Présenter et décrire des personnes en les comparant	• Rédaction de différents types de courrier
LEÇON 23 Page 138	• Construction de «ne…pas» avec passé composé • Révision des présentatifs, des articles, des quantifiants, des prépositions de lieu et des formes négatives et interrogatives • Révision et extension des formes d'intensité et de l'expression de la cause	• Formation des participes passés irréguliers	• Etude des semi-voyelles [w–ɥ–j] et alphabet	• Services sociaux (suite)	• Présentation des grandes villes de province	• Se situer par rapport à des lieux • Epeler	• Rédaction courrier (suite) • Sensibilisation aux intertextes
LEÇON 24 Page 144	• Construction de «ne–rien», «ne–personne» avec passé composé • Suite de l'emploi imparfait/passé composé • Pluriels irréguliers	• Révisions		• Plats et hébergement	• Loisirs et tourisme (hôtels, hébergements et restaurants)	• Faire des réservations • Prendre des rendez-vous	• Etude de textes descriptifs et publicitaires
LEÇON 25 Page 150	• Evaluation de 8, 23 et 24	• Evaluation des temps et des formes étudiés	• Evaluation des semi-voyelles	• Ingrédients de cuisine et ustensiles	• Recettes traditionnelles et célébrations	• Rapporter des événements et des scènes passées (suite)	• Sensibilisation aux titres et aux rubriques journalistiques • Début d'élaboration d'un journal